SHENG YU FU ZHONG XIN CHENG SHI REN KOU YU JING JI FA ZHAN YAN JIU
YI XIANG YANG SHI WEI LI

省域副中心城市人口与经济发展研究
以襄阳市为例

董婷 / 著

华中科技大学出版社
http://press.hust.edu.cn
中国·武汉

图书在版编目(CIP)数据

省域副中心城市人口与经济发展研究：以襄阳市为例/董婷著.—武汉：华中科技大学出版社，2023.12
ISBN 978-7-5772-0124-5

Ⅰ.①省… Ⅱ.①董… Ⅲ.①城市人口-流动人口-研究-襄阳 ②区域经济发展-研究-襄阳 Ⅳ.①C924.256.33 ②F127.633

中国国家版本馆CIP数据核字(2023)第193408号

省域副中心城市人口与经济发展研究——以襄阳市为例　　　董　婷　著
Shengyu Fuzhongxin Chengshi Renkou yu Jingji Fazhan Yanjiu
——Yi Xiangyang Shi Wei Li

策划编辑：胡弘扬
责任编辑：胡弘扬　阮晓琼
封面设计：廖亚萍
责任校对：林宇婕
责任监印：周治超

出版发行：华中科技大学出版社(中国·武汉)　　电话：(027)81321913
　　　　　武汉市东湖新技术开发区华工科技园　　邮编：430223
录　　排：华中科技大学惠友文印中心
印　　刷：武汉科源印刷设计有限公司
开　　本：710mm×1000mm　1/16
印　　张：10.75
字　　数：197千字
版　　次：2023年12月第1版第1次印刷
定　　价：79.80元

本书若有印装质量问题，请向出版社营销中心调换
全国免费服务热线：400-6679-118　竭诚为您服务
版权所有　侵权必究

本书获得国家自然科学基金(41601046)、襄阳市"汉江智库"重点课题(HJZKZDKT2023008)、湖北文理学院教师科研能力培育基金"科技创新团队"项目(2022pytd03)、湖北省人文社科重点研究基地-湖北文理学院鄂北区域发展研究中心课题(2023JDA02)资助

前言

人口问题始终是人类社会共同面对的基础性、全局性和战略性问题。党的十八大以来，面对人口发展的新形势，以习近平总书记为核心的党中央统筹谋划人口与经济社会发展，科学把握人口发展趋势，积极有效应对风险挑战，作出了人口均衡发展的重大国家战略决策，促进形成人口与经济社会发展相协调的良好局面。2021年3月，《中华人民共和国国民经济和社会发展第十四个五年规划和2035年远景目标纲要》提出：要以中心城市和城市群等经济发展优势区域为重点，增强经济和人口承载能力，带动全国经济效率整体提升。支持生态功能区人口逐步有序向城市化地区转移并定居落户。优化人口结构，拓展人口质量红利，提升人力资本水平和人的全面发展能力。2022年10月，习近平总书记在中国共产党第二十次全国代表大会上的报告中明确指出：中国式现代化是人口规模巨大的现代化，优化人口发展战略，建立生育支持政策体系，降低生育、养育、教育成本。现代化的本质是人的现代化。

加快建设省域副中心城市是促进区域协调发展的重要举措。2021年11月，国家发展和改革委员会公布了《"十四五"特殊类型地区振兴发展规划》，襄阳成为全国首批、湖北第一个上升为国家层面支持的省域副中心城市。湖北省高度重视省域副中心城市发展，2022年6月，湖北省第十二次党代会的报告提出：加快建设以武汉、襄阳、宜昌为中心的三大都市圈，增强中心城市及城市群等经济发展优势区域的经济和人口承载能力。促进人口长期均衡发展，落实积极应对人口老龄化国家战略。2023年1月，湖北省委、省政府编制实施的《湖北省流域综合治理和统筹发展规划纲要》指出：以三大都市圈为引领，提升城镇人口与经济集聚度，增强中心城市及城市群等经济发展优势区域的经济和人口承载能力。

人口作为经济和社会发展的基础性因素，意味着更为明显的资源集聚效应，常住人口规模也一直是一个城市综合实力的重要体现。目前，各内陆新一线城市竞相扩大城市人口规模，提升城市能级，"抢人大战"也在持续升级。从放开落户条件，到提供就业、创业机会，再到"发钱发房"，城市发展战略已从单纯的经济发展转向了人口人才争夺，城市之间的人口资源竞争日趋激烈。作为省域副中心城市、地处内陆的非省会城市，襄阳，相对于沿海和省会城市，产业能级不足，就业岗位数量有限，人口集聚效应亟待增强。因此，襄阳要更好地统筹人口与经济社会的关系、实现高质量发展，就必须加快产业转型升级，壮大优势产业，扩大保障性租赁住房配置，全面落实"1＋7"人才新政等方式，提升人口集聚能力。

近年来襄阳经济实力不断壮大，襄阳市委、市政府认真落实国家，湖北省委、省政府的部署，力争早日建成名副其实的省域副中心城市、汉江流域中心城市和长江经济带重要绿色增长极。2021年5月，《襄阳市国民经济和社会发展第十四个五年规划和二〇三五年远景目标纲要》特别指出："建立完善人口集聚机制，发展城市经济聚集人口。"2023年1月，《2023年襄阳市政府工作报告》提出："做强产业、做大城市、做优环境、做多人口""促进人口均衡发展与健康老龄化""加快建设汉江流域和南襄盆地富有魅力和吸引力的人口宜居地、产业聚集区"。2023年3月，《襄阳都市圈发展规划》明确指出襄阳中心城区的未来人口发展目标："力争到2025年，中心城区人口达到190万，到2035年，中心城区建设成300平方公里、300万人口的现代都市。"

本书首先简要回顾了省域副中心城市的理论与实践历程，在梳理总结相关文献资料的基础上，对人口与经济发展的互动关系进行了理论综述。其次，以襄阳作为研究对象，分析了新中国成立以来其经济发展特征与形势，以及人口变动特征与趋势。同时，定量分析了襄阳人口与经济发展互动关系。根据主体功能区战略，阐述了重点开发区、生态功能区、农产品主产区与特色小城镇的功能定位，重点介绍了各主体功能区的人口空间布局优化思路和战略。最后，阐述了促进襄阳人口与经济协调发展的重点路径和政策创新。

本书得出的主要研究结论为：

第一，新中国成立以来，襄阳市经济发展逐步复苏，到改革开放后的加速增长，再到党的十九大以来的高质量发展，经济总量持续跨越，生产力水平不断跃升，城市知名度和影响力日益提高，实现了由弱至强的历史性转变。

第二，襄阳市人口变动呈现出：常住人口和户籍人口"双减少"；生育旺盛期妇女数量下降，生育水平持续走低；本地人口迁出速度变缓，总量规模不断缩小；城镇化水平不断提高，在全省排位靠前；老龄化趋势进一步加深，人口负担系数不断增大；人口年龄金字塔向老年型（收缩型）转化；人口素质不断提升，但总体水平仍然有待提高；从业人员大幅增加，就业结构明显优化；人口高密度区主要分布在主城区等特征。未来应根据各主体功能区的功能分工，实现功能差异化，强化区域性服务功能，提升人口和产业承载能力，吸引农产品功能区、生态功能区人口向襄阳中心城区集聚。

第三，襄阳人口与 GDP 水平有强正相关关系和长期均衡关系，经济发展水平的提高对促进本地区人口数量增长有着显著作用。随着时间的演进，经济发展的前期信息会影响到本地区人口数量的当期信息。襄阳市大部分地区人口与经济的协调发展水平属于中级与初级程度。

第四，主体功能区视野下襄阳各县市区应当结合自身实际情况，有所侧重地优化人口空间发展战略，使襄阳人口与经济社会不断走向良性协调发展的轨道，奋力实现"一极两中心"的目标。应着重从提高人口素质、实现适度生育水平、加快产业转型升级、创新人口服务管理、完善相关配套政策、积极应对老龄化、保障重点人群权益七个方面，促进人口与经济协调发展。

目录

CONTENTS

第一章　绪　论

第一节　研究背景　　2
第二节　研究意义　　3
第三节　研究目的　　6
第四节　研究内容　　6

第二章　省域副中心城市的理论与实践回顾

第一节　"省域副中心城市"的理论溯源　　9
第二节　"省域副中心城市"概念的发展演进　　18
第三节　"省域副中心城市"战略在湖北的演进与襄阳实践　　20

第三章　人口与经济发展的研究综述

第一节　人口与经济关系的基本理论　　28
第二节　人口变动对经济发展的作用途径与机理　　30
第三节　经济发展对人口变动的作用途径和机理　　31
第四节　人口集聚的基础理论研究　　33
第五节　国内外城市加快人口集聚的主要经验　　37

第四章　襄阳市经济发展特征与形势研究

第一节　襄阳市经济发展阶段　　45
第二节　襄阳市经济发展特征　　49
第三节　襄阳"十四五"面临的发展形势　　51

第五章　襄阳人口变动特征与趋势研究

第一节　襄阳市人口发展阶段　65
第二节　襄阳市人口变动的主要特征　68
第三节　襄阳市以及三类主体功能区人口数量预测　83

第六章　襄阳市人口与经济发展的实证研究

第一节　襄阳市人口与经济发展互动关系定量分析　90
第二节　襄阳市人口与经济协调发展的实证研究　98

第七章　主体功能区视野下优化襄阳人口空间布局研究

第一节　重点开发区优化人口空间布局的定位与策略　108
第二节　生态功能区优化人口空间布局的定位与策略　113
第三节　农产品主产区优化人口空间布局的定位与策略　114
第四节　特色小城镇优化人口空间布局的定位与策略　116

第八章　促进襄阳人口与经济协调发展的战略研究

第一节　襄阳人口增长来源与面临挑战　120
第二节　总体思路　122
第三节　重点任务　124
第四节　保障机制　142

附表一　新中国成立以来襄阳市人口与经济发展情况　146
附表二　新中国成立以来襄阳市人口出生率、死亡率、自然增长率变化　149

参考文献　152

Chapter 1

第一章 绪 论

第一节 研究背景

人口问题始终是人类社会共同面对的基础性、全局性和战略性问题。党的二十大报告首次把教育、科技、人才进行"三位一体"统筹安排,三者通过协同配合、系统集成,共同塑造发展的新动能、新优势。近年来,人口老龄化、人口区域流动等问题引发社会广泛关注。世界各国都普遍关心如何正确地处理好人口和经济社会发展间的关系,人口大国更为注重本国的人口变动和经济社会发展问题。人口变动与政治经济、社会发展等问题密切相关。区域经济体人口的发展总是受到该国的政治制度、经济水平、文化素质及社会稳定等外在因素的影响,同时人口又能够反作用于该国的政治、经济及文化发展等。当前,我国人口发展呈现少子化、老龄化、区域人口增减分化的趋势性特征,必须全面认识、正确看待我国人口发展新形势。

党的十八大以来,面对人口发展的新形势新变化,以习近平为核心的党中央统筹谋划人口与经济社会发展,科学把握人口发展趋势,积极有效应对风险挑战,作出了人口均衡发展的重大国家战略决策,促进了经济社会及人口均衡协调发展的良好局面。2021年3月,《中华人民共和国国民经济和社会发展第十四个五年规划和2035年远景目标纲要》提出:要以中心城市和城市群等经济发展优势区域为重点,增强经济和人口承载能力,带动全国经济效率整体提升。支持生态功能区人口逐步有序向城市化地区转移并定居落户。优化人口结构,拓展人口质量红利,提升人力资本水平和人的全面发展能力。2022年10月,习近平总书记在党的二十大报告中指出:现代化的本质是人的现代化。中国式现代化是人口规模巨大的现代化,优化人口发展战略,建立生育支持政策体系,降低生育、养育、教育成本。2023年5月,习近平总书记主持召开二十届中央财经委员会第一次会议,会议指出:要着眼强国建设、民族复兴的战略安排,完善新时代人口发展战略,认识、适应、引领人口发展新常态,着力提高人口整体素质,努力保持适度生育水平和人口规模,加快塑造素质优良、总量充裕、结构优化、分布合理的现代化人力资源,以人口高质量发展支撑中国式现代化。

湖北省高度重视省域副中心城市人口与经济高质量发展,2022年6月,湖北省第十二次党代会的报告提出:加快建设以武汉、襄阳、宜昌为中心的三大都市圈,增强中心城市及城市群等经济发展优势区域的经济和人口承载能力。促进人口长期均衡发展,落实积极应对人口老龄化国家战略。2023年1月,湖北省委、省政府编制实施的《湖北省流域综合治理和统筹发展规划纲要》指出:以三大都市圈为引领,提升城镇人口与经济集聚度,增强中心城市及城市群等经济发展优势区域的经济和人口承载能力。

近年来,襄阳经济实力不断壮大,襄阳市委、市政府认真落实湖北省委、省政府的部署,力争早日建成名副其实的省域副中心城市、汉江流域中心城市和长江经济带重要绿色增长极。"十四五"时期是襄阳市贯彻新发展理念,开启全面建设社会主义现代化强市新征程、推进高质量发展的重要时期。2021年5月,《襄阳市国民经济和社会发展第十四个五年规划和二〇三五年远景目标纲要》特别指出:建立完善人口集聚机制,发展城市经济聚集人口。扩大新城人口容量,完善人口迁移政策,吸引离退休人口聚集。贯彻落实国家人口长期发展战略,降低出生人口性别比,促进人口均衡发展。2023年1月,《2023年襄阳市政府工作报告》提出:做强产业、做大城市、做优环境、做多人口,促进人口均衡发展与健康老龄化,加快建设汉江流域和南襄盆地富有魅力和吸引力的人口宜居地、产业聚集区。2023年3月,《襄阳都市圈发展规划》明确指出襄阳中心城区的未来人口发展目标:"力争到2025年,中心城区人口达到190万,到2035年,中心城区建设成300平方公里、300万人口的现代都市。"襄阳市在明确提出打造"省域副中心城市"、"汉江流域中心城市"和"长江经济带重要绿色增长极"的战略中强调,控制人口数量、提高人口素质,对于实现人口数量、结构、素质与经济社会可持续的发展尤为紧迫。

第二节 研究意义

一、有利于加快推动襄阳都市圈高质量发展

都市圈的形成与发展条件主要在于一方面具备优越的地理位置、便利的生活环境和完善的服务设施,易于吸引投资和人才;另一方面人口集聚构成巨大市场,进一步加剧资金和人才的流入,吸引政治、经济、文化等各方面人才集聚。襄

阳市近年来都维持在较低生育水平状态，在襄阳建设汉江流域中心城市与长江经济带重要绿色增长极的过程中，城市人口的快速增长主要靠机械增长，因此必须全面增强襄阳的城市综合竞争力和人才吸引力，加强对襄阳市人口变动与经济协调发展命题的研究。

二、有利于引导省域副中心城市襄阳的人口和经济向适宜开发的区域集聚

主体功能区是基于不同区域的资源环境承载力、现有开发密度和未来发展潜力，以是否适宜和如何进行大规模、高强度的工业化、城镇化开发为标准划分的，将特定区域确定为具有特定主体功能的一种空间单元。统筹谋划人口分布、经济布局、国土利用和城镇化格局，引导人口和经济向适宜开发的区域集聚，保护农业和生态发展空间，促进人口、经济和资源环境相协调是国家和湖北省"十四五"规划制定的基本思想。在主体功能区格局下分析研究襄阳市人口与经济空间发展格局，是实现区域持续协调发展的关键。

主体功能区划具有全局性、引导性、约束性或强制性的特点。针对襄阳市目前地域类型多样、各县市区的行政和经济管理体制特点不一的状况，本研究旨在通过利用人口与经济的主要统计数据，对其进行量化分析，计算出襄阳市各主体功能区内的人口与经济协调系数、协调发展系数，从不同角度揭示襄阳市主体功能区格局下的人口分布与经济发展状况、人口与经济协调发展程度、人口与经济的协调发展水平与状况，并结合襄阳自然资源分布情况、开发利用状况，提出襄阳市人口变动调整策略和经济产业发展方向，从而形成更加合理的主体功能区区划方案，并为区域空间规划提出新建议，引导襄阳市人口和经济向适宜开发的区域集聚。

三、有利于抓住当前人口变动和推进经济社会发展重大战略的难得机遇

产业转移是市场经济规律作用下优化产业分工格局的必然要求。以产业转移和劳动力回流为主要特征的"双转移"是市场经济规律作用于我国产业布局和人口流动的必然结果，也是当前襄阳都市圈提高城镇化质量和水平的重要战略机遇。襄阳市需要积极承接"双转移"，推进人口城镇化发展，提高对新迁入人口的就业吸引力，加快改革户籍制度和就业政策，促使外来人口融入城市。

作为汉江流域中心城市,襄阳应通过自身优势吸引区内外人口,从而带来生产要素集聚,形成以人为中心的巨大劳动力市场、消费市场、就业市场和创新动力。纵观国内外,世界城市往往是集聚人口最多的城市。截至2022年,美国最大城市纽约总人口约839.8万,日本首都东京人口已突破1400万人。人口的高度集聚更有利于中心城市发展,有利于基础设施的高标准建设,能够给市民提供更为优越、便利的生活条件。2022年襄阳市中心城区人口数量为154.16万,《襄阳市都市圈发展规划》提出:襄阳市力争到2025年,中心城区人口达到190万,到2035年,中心城区人口达到300万。作为人口流出大市,如何吸引外来人口来襄阳创业、定居,以实现襄阳人口与经济社会协调发展至关重要。

当前国家重点实施中部地区崛起、长江经济带发展等重大区域战略,襄阳将承接这些战略的强力辐射,在更大范围集聚发展资源,提升城市能级。随着国家"新十年促进中部地区崛起规划"的启动实施,"襄阳都市圈发展规划""湖北省流域综合治理和统筹发展规划"等省级战略的进一步深化,襄阳作为中部地区和省级战略的核心节点,加上自身的后发、区位、资源优势,襄阳已具备建成"一极两中心"的良好基础。成败的关键就在于襄阳能否抓住机遇,实现人口与经济社会的协调发展。

四、有利于襄阳提高城镇人口素质和居民生活质量

在国家推动新型工业化、信息化、城镇化、农业现代化同步发展背景下,中心城市建设并不是城区面积的盲目扩张,更不是人口规模的简单数量增长,而是从偏重物的城镇化特别是土地的城镇化向重视人的城镇化转变,着力提高城镇人口素质和居民生活质量,促使有能力在城镇稳定就业和生活的常住人口有序实现市民化。

为了促进和推动襄阳人口、经济、社会、资源和环境各子系统的良性运行及它们相互间协调发展,实现建成名副其实的省域副中心城市、汉江流域中心城市和长江经济带重要绿色增长极的战略目标,襄阳市应实施积极人口战略,分阶段、分步骤地有序推进人口可持续发展。其一,作为一种战备研究和设想,积极人口战略区别于一般的发展、对策和思路,具有全局性和长期性;其二,积极人口战略,不仅仅研究解决人口问题和促进人口本身的可持续发展,而且围绕经济发展、社会进步和生态建设等方向,发挥人口要素的积极作用;其三,这一战略是积极的,有别于一般的理论研究,重视可操作性、实践性及有效解决现实问题;其四,积极人口战略站在提高城市竞争力的高度,有助于维持襄阳人口的合理增长率,推动人口结构持续改善,使襄阳城市竞争力保持长期稳定增长。

第三节 研究目的

为积极有效地应对襄阳市人口趋势性变化及其对经济社会发展产生的深刻影响，促进人口与经济社会的长期均衡发展，本研究依据《中华人民共和国人口与计划生育法》《中共中央、国务院关于实施全面两孩政策改革完善计划生育服务管理的决定》《中共中央、国务院关于优化生育政策促进人口长期均衡发展的决定》和《襄阳市国民经济和社会发展第十四个五年规划纲要和2035年远景目标》等内容开展研究工作。从人口总量、人口结构、人口生育水平、人口城镇化水平、人口文化素质（人口受教育水平）、人口空间分布等方面分析概括襄阳市1955年以来的人口变动特征，并与湖北省以及全国范围内同类城市进行对比，剖析襄阳市人口变动与经济社会发展的特征。以近年来襄阳市人口普查资料与经济社会发展统计年鉴为基础，主要利用2020年第七次人口普查的最新数据，对襄阳市未来人口变动与经济社会发展趋势进行研究，为襄阳市经济社会发展宏观决策提供支撑。

第四节 研究内容

第一部分为绪论。从人口与经济高质量发展入手，阐述了本研究的背景和意义、问题和思路，以及研究目的，梳理核心主题的相关文献，概述相关研究内容。

第二部分为省域副中心城市的理论研究综述。回顾了中心地理论、增长极理论、城镇体系理论、空间演化模型、新时代区域协调发展理论等主要内容，为省域副中心城市理论追根溯源。同时，介绍了"省域副中心城市"概念的提出、省域副中心城市的功能与效应、建设省域副中心城市面临的主要问题与对策、"省域副中心城市"战略在湖北的演进与襄阳实践。

第三部分为人口与经济发展的研究综述。介绍马克思主义"两种生产"理论、人口与经济发展之间的相互关系、人口变动对经济发展的作用途径与机理、人口变动对经济发展的作用途径与机理、人口集聚的基础理论、国内外城市加快人口集聚的主要经验,并对学术界关于人口与经济发展的观点进行了简要述评。

第四部分为襄阳市经济发展特征与形势研究。阐述了新中国成立以来襄阳市经济发展历经的三个不同阶段,梳理了襄阳市经济发展的脉络,并分析了襄阳经济发展的三个特点。同时,介绍了襄阳市"十四五"时期经济社会发展的宏观环境、"十四五"时期全国经济社会发展走势、区域经济格局变化对襄阳市的影响,以及"十四五"时期全国、全省和襄阳市经济社会发展所处的阶段性特征,阐述了"十四五"时期襄阳市面临的机遇与挑战。

第五部分为襄阳人口变动特征与趋势研究。分析了襄阳市人口发展的七个阶段,结合数据分析了襄阳市人口数量规模、人口生育水平、人口流动、人口城镇化、人口老龄化、人口文化素质、人口就业结构与人口空间分布等方面的特征,并基于灰色模型对襄阳市以及三类主体功能区人口数量进行了预测。

第六部分为襄阳市人口与经济互动发展的实证研究。定量分析了襄阳市人口与经济发展的互动关系,构建了襄阳市人口变动与经济协调发展指标体系,采用主成分分析法测算了人口变动与经济发展的协调发展度,发现襄阳市大部分地区人口与经济的协调发展水平处于初级与中级程度。

第七部分为主体功能区视野下襄阳人口空间优化研究。根据主体功能区战略,阐述了重点开发区、生态功能区、农产品主产区与特色小城镇的功能定位,重点介绍了各主体功能区的人口空间布局优化思路和战略。

第八部分为促进襄阳人口与经济协调发展的战略研究。介绍了襄阳人口增长来源与面临的挑战,分析了人口与经济协调发展的总体思路、总体要求、基本原则、重点任务与保障机制。着重从提高人口素质、实现适度生育水平、加快产业转型升级、创新人口服务管理、完善相关配套政策、积极应对老龄化、保障重点人群权益七个方面,阐述了促进襄阳人口与经济协调发展的重点路径和政策创新。

第二章 省域副中心城市的理论与实践回顾

Chapter 2

第一节 "省域副中心城市"的理论溯源

关于"省域副中心城市"的理论研究最早可以追溯到20世纪前叶的欧洲。德国、法国以及后来的美国、日本等国学者关于中心地、增长极等理论的相关研究,逐步成为省域副中心城市的理论源泉。新中国成立以来,习近平等领导人关于区域协调发展的重要论述,也为省域副中心城市理论的形成提供了指导思想。

一、中心地理论

1933年,德国地理学家克里斯塔勒在《德国南部中心地原理》一书中系统地阐明了中心地理论。克里斯塔勒在大量实地调研的基础上,运用演绎法探讨中心地的空间秩序,提出聚落分布呈三角形,市场地域呈六边形的空间组织结构,分析了中心地规模等级、职能类型与人口之间的关系,形成了基于市场、交通和行政三原则的中心地系统空间模型。

1. 基本概念

所谓"中心地",是指能够向周围区域的消费者提供各种商品和服务的地点。它或是一个城市,或是一个镇,或是一个大的居民集聚点,或是一个商业或服务业的中心。

所谓"中心性",即指中心地对其周围区域的相对重要程度,亦是中心地发挥中心职能的程度。从定量分析的视角而言,中心性＝为中心地供给和提供的商品与服务总量－中心地为自身供给和提供的商品与服务总量。可见中心性表现为中心地为其周围区域供给和提供的商品与服务总量。

关于"货物的供给范围"——由中心地供给的货物能到达多大的范围,实际上是一个距离的概念。当消费者光顾中心地购买货物时,它是指消费者从居住地到中心地的移动距离;当由商店送货时,它是指发送货物的移动距离。双方都有一个经济许可的界限,超出这一界限必然会带来经济的不合理。消费者一般会比较要购买的商品价格与其光顾中心地的交通费,如果后者费用相对太高,就会放弃在该中心地购买,同样经营者也会尽量避免远距离的配送。

克里斯塔勒将货物的供给范围的最大极限称为货物供给范围的上限或外侧

界限,将供给货物的商店能够获得正常利润所需要的最低限度的消费者范围称为货物的供给下限或内侧界限。当上限和下限的范围正好相等时,企业在中心地布局可得到正常利润;当下限的范围小于上限的范围时,企业在中心地布局能够得到超额利润;相反,当上限的范围小于下限的范围时,企业在该中心地布局得不到正常利润。

关于"中心地的等级性",克里斯塔勒认为中心地的等级和中心职能是相互对应的。最低等级的中心地有最低的中心职能,而比其高一级的中心地不仅具有自己固有的职能,同时兼有最低中心地的中心职能。依此类推,最高级的中心地具备所有等级的中心职能。同时,同一等级的中心地以一定的间隔布局。

2. 主要特点

基于市场原则形成的克里斯塔勒中心地系统具有三大特点:一是中心地具有等级性,且各级中心地与其中心职能相对应;二是中心地按照一定的规则分布,一般是三个中心地构成的三角形的重心是低一级中心地布局的区位点;三是各等级间的中心地数量、距离和市场区域面积呈几何级数变化。

3. 现实应用

克里斯塔勒认为,有三个条件或原则支配中心地体系的形成,这就是市场原则、交通原则和行政原则。他指出,在开放的、便于通行的地区,市场经济的原则可能是主要的;在山间盆地地区,客观上与外界隔绝,行政管理原则更为重要;在年轻国家与新开发的地区,交通线对移民来讲是"先锋性"的工作,交通原则占优势。通过研究,克里斯塔勒得出结论:在三个原则共同作用下,一个地区或国家,应当形成如下的城市等级体系:A级城市1个,B级城市2个,C级城市6～12个,D级城市42～54个,E级城市118个。秦尊文(2022)认为,如果在一个省的范围内,A级城市就是主中心城市,B级城市就是省域副中心城市,湖北省的"一主两副"中心城市布局与之非常吻合。不仅如此,C、D、E级城市布局也比较吻合,湖北省除"一主两副"布局外,还有8个地级市和恩施州府——恩施市,相当于克里斯塔勒指出的C级城市;县级市及15万人以上的县城有50多个,这相当于D级城市;15万人以下的县城及镇区人口5万人以上的重点镇有110多个,相当于E级城市。

4. 相关评述

克里斯塔勒中心地理论是城市地理学和商业地理学的理论基础。该理论在城市等级划分研究,城市与腹地间相互作用研究,城市内和城市间的社会和经济空间模型研究,城市的区位、规模和职能研究,零售业和服务业的区位布局、规模和空间模型研究等领域均具有重要的理论指导意义。

克里斯塔勒中心地理论是区域经济学的理论基础之一。克里斯塔勒中心地理论中有关中心地与市场区域(类似经济腹地)关系的论述,对研究区域经济空间结构具有重要的理论借鉴意义。克里斯塔勒中心地理论是区域开发规划和城镇体系规划实践的重要理论及方法工具。

二、增长极理论

区域经济差异一直是世界各国经济发展过程中的普遍现象,不平衡增长或发展是区域经济的一般规律,而增长极理论是省域副中心城市的重要理论支撑。经典区域经济不平衡增长理论发端于20世纪50—60年代,这个时期是现代区域经济学科正式形成及早期发展期。由此可见,确定省域副中心城市,实质上是一种不平衡发展战略。

1950年,法国经济学家弗朗索瓦·佩鲁(Francois Perroux)在其论文《经济空间:理论与运用》中将经济空间划分为计划空间、极化空间、匀质空间三种类型,并从极化空间入手,首倡"极"的概念,论述了"极"的形成和作用机制。佩鲁继而在1955年的论文《略论"增长极"的概念》中,首次提出"增长极"的概念,指出经济增长首先出现在"增长点"或"增长极",然后通过不同的渠道扩散,进而影响整个经济增长。经济的增长以不同的渠道扩散,而且对整个经济发展具有不同的终极影响。但是经济增长不可避免地要与地理空间发生联系,佩鲁对增长极的论述却是产业间联系。法国经济学家布代维尔(J. B. Boudewille)为了弥补这一缺陷,提出经济空间是经济变量在地理空间之中或之上的运用,增长极在拥有推进型产业的复合体城镇中出现。后来美国经济学家弗里德曼(John Frishman)、瑞典经济学家缪尔达尔(Gunnar Myrdal)、美国经济学家赫希曼(A. O. Hischman)分别在不同程度上进一步丰富和发展了这一理论,使区域增长极理论的发展成为区域开发工作中的流行观点。一个国家要实现平衡发展只是一种理想,在现实中是不可能的,经济增长通常是从一个或数个"增长中心"逐渐向其他部门或地区传导。因此,应选择特定的地理空间作为增长极,以带动经济发展。

随后增长极理论被引入区域规划之中,进一步发展成为以城市为中心的区域(地理)增长极理论。1973年,英国经济学家彼拉德在《工业化与欧洲经济》中提出了"发疹过程论",即工业化过程类似"发疹",它会从一个区域"感染"到另一区域,这实际上是主张以城市的扩张带动落后区域的发展。后期地理增长极理论转而强调城市作为一国或一个区域的发展极和发展中心的作用,而不仅仅注重城市在推动区域经济增长时的作用。随着增长极向城市的空间极化理论的转换,它在城市群、城市圈等发展实践中得到新的运用。由此,增长极既可以指一个区域的推进型产业,也可以指一个具有极化和扩展作用的城市,或者指建立有相互关联产业的城市群、城市圈。

湖北省"一省两副"均为省域增长极,湖北省域副中心城市(襄阳、宜昌)就是省内的增长极。2011年6月,《中共湖北省委湖北省人民政府关于全面实施"一主两副"重大战略决策加快推进襄阳市跨越式发展的决定》明确提出:"襄阳市是省域副中心城市、鄂西北地区核心增长极。"2023年3月,襄阳都市圈发展协调机制办公室对外发布《襄阳都市圈发展规划》,围绕"强心、壮圈、带群、协调"的核心思路,指出:"襄阳都市圈未来应成为汉江流域和南襄盆地的核心增长极。"以上这些战略都是增长极理论在区域发展实际中的直接应用。

三、城镇规模体系理论

城镇体系是指一定地域范围内,以中心城市为核心,以广大乡村为基础,若干规模不等、职能各异的城镇居民点组成的相互制约、分工合理的有机整体。虽然克里斯塔勒等人的理论包含城镇体系的理念,但正式提出"城镇体系"的概念却是在20世纪60年代。1960年人类生态学家邓肯(Otis D. Duncan)在《大都市与区域》一书中首次提出了"城镇体系"概念,重点讨论美国城市的专业化作用在国家系统中的变化以及区域间、大都市区之间的相互依存关系,并用"城镇体系"这种新的观念来描述美国的国家经济和国家地理。1964年贝利把中心地等级体系的研究与一般系统论联系起来,使"城镇体系"成为一个正式术语并迅速流传开来。

实际上,城镇体系更多地考虑的是城镇之间等级、规模和职能的关系,是城镇的有机结合体,它不一定要求达到一定的城镇密集度,而城镇密集区虽然也注重联系性、层次性和动态性,但它更强调了一定范围内高密度、高城市化水平的区域。由于城镇体系具有一定的等级体系,某一级城镇体系往往包含若干次一级的城镇体系地域单元,而次一级的城镇体系地域单元中的核心城市在上一级的城镇体系地域单元中就是副中心城市。根据城镇体系理论,副中心城市在一个区域经济系统中的地位仅次于主中心城市,它协助主中心城市更好地发挥作用,承担着本经济区的若干重要职能,对周边地区的发展具有重要影响,甚至在某些方面的影响超过了主中心城市。

1999年,藤田昌久(Masahisa Fujita)、保罗・克鲁格曼(Paul Krugman)和

安东尼·维纳布尔斯(Anthony J. Venables)在《空间经济学——城市、区域与国际贸易》中模拟了城镇体系的演化过程。据其研究,假设经济的人口规模 $N(t)$ 随时间的推移逐渐增长,且起始人口小于 $\widetilde{N}_1$。通过市场潜力曲线的推导模拟出城市的形成、消失、升级直至城镇层级体系的产生这一过程,如图2-1所示。在图2-1中序号(1)只有一个高等级城市和一个小城市,到序号(30)时已形成了一个最高等级城市、两个第二级城市、六个第三级城市。这与克里斯塔勒提出的1个A级城市、2个B级城市、6~12个C级城市的中心地体系如出一辙。同时,湖北省"一主两副"模式也是新经济地理学视野下城镇规模体系理论在现实中的映射与应用。

四、反磁力吸引体系理论

20世纪初,发达国家率先进入大城市超先发展的阶段,现代大城市因物质文化条件优越而产生巨大的人口向心力("磁力")。但在城市自身经济快速发展的同时也带来了"城市病",并导致周边经济发展停滞或放缓。第二次世界大战前后,西欧和苏联等国家和地区的城市理论和规划工作者,根据社会经济发展需要和城镇建设条件,为分散大城市人口、克服"城市病"、协调区域经济发展,明确了区内各城镇的区位、职能、性质、分工协作和发展方向。通过城镇体系布局,使区域内各城镇形成互相密切联系的群体。20世纪60年代以来,这种规划布局的思想和方法在许多国家推广,并上升为现代城市规划学的新理论,被称为"反磁力吸引体系理论"。

反磁力吸引体系理论认为,在一个区域内建成抵消大城市向心力的城镇体系,首先要建立地区性生产综合体,提供工业发展基础,并综合开发高速交通线网,加强区内联系;合理安排行政、文化、科学中心;均衡布置生活、娱乐、旅游、服务设施;保护环境,在此基础上形成以综合职能城市为中心、与各种专业化城镇相结合的城镇群。综合职能城市既能适应社会化生产的专业化和协作要求,又在生产、生活等各方面具有足够吸引力。

现代化大城市同时存在向心力和离心力。工业集中、交通运输方便、服务设施齐全是向心力产生的根源;城市的若干工业远离原料产地并缺乏扩展空间,城区环境污染、交通混乱、居住条件恶劣,又形成人口的离心力。在设计以削弱大城市磁力作用为目的的反磁力吸引点时,如能充分利用大城市的离心力,并使之成为自己的向心力,发挥其优势,因地制宜地开发资源,发展工业,吸引就业,合理安排交通服务和其他设施,就可形成既经济合理又独具特色的吸引力。该理

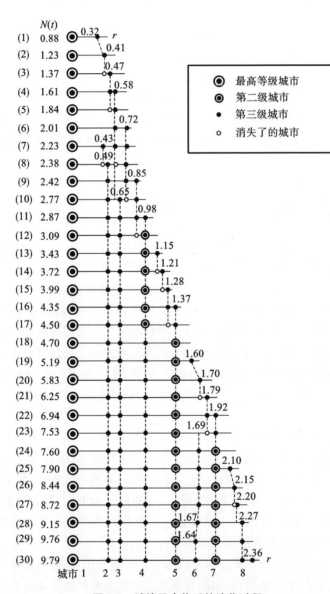

图 2-1 城镇层次体系的演化过程

资料来源：藤田昌久，克鲁格曼，维纳布尔斯.空间经济学——城市、区域与国际贸易[M].北京：中国人民大学出版社，2011.

论中的反磁力吸引点,相对于大的磁力吸引点来说,就是副中心城市。

五、空间演化模型

1966年,美国经济学家弗里德曼(M. Friedman)建立了空间演化模型,提出区域经济发展演化过程分为三个阶段。

第一阶段:独立的地方中心,不存在等级。这是前工业化社会特有的典型空间结构。每个城市坐落于一个小面积地区的中央,腹地范围小,增长潜力很快就会枯竭,经济停滞不前。区域间交往量非常小,存在着许多以自给自足为主、彼此相互隔离的经济。

第二阶段:单一强中心,工业化初期所具有的典型结构,边缘区开始出现。由于拥有企业家素质的人才、知识分子和劳动力大量迁至中心,中心以外的其他地区的经济会遭到严重削弱并可能导致社会与政治动荡。

第三阶段:一个唯一的全域性中心,两个实力强的边缘次级中心。这是工业化成熟时期迈向成功地域的第一步。战略次中心得到开发,大城市间的边缘区域更易管理,边缘区域范围缩小。边缘区域的重要资源被纳入国民经济的生产性循环,全域性中心的膨胀问题能得以避免,国家增长潜力提高。秦尊文(2022)认为,第三阶段就是"一主两副"发展阶段。

弗里德曼还认为,经过三个阶段之后,也就是后工业化社会,将形成"网络化的空间组织",实现"国家一体化"。当然,随着工业化、城市化的推进,襄阳、宜昌作为湖北省两个省域副中心城市,是符合空间演化模型规律的。

六、新时代区域协调发展理论

区域协调发展的概念是在国民经济"九五"计划中正式提出。当时的背景:经过近20年的改革开放,我国经济社会发展取得长足的进步,经济增长开始进入持续的起飞阶段。但随着城乡收入差距拉大,中西部地区与东部沿海地区的发展差距不断扩大,区域发展的不协调越来越引起中央的高度重视,区域协调发展战略作为指导地区经济和社会发展的战略导向而提出,具有深远的意义。回顾20多年来区域协调发展战略的形成与完善的过程,对我国的经济社会发展有重要的作用。

第一,区域协调发展第一阶段(1996—2000年)。

20世纪80年代初期,改革开放开始启动。当时我国的区域经济维持一种低水平的均衡状态。改革开放之初,邓小平同志就高瞻远瞩地提出了"两个大局"的区域发展战略:第一个大局是先集中发展沿海,内地支持沿海地区的发展;第二大局是沿海发展起来之后,沿海地区再支援内地发展。

在当年改革开放的背景下,东部地区紧紧抓住改革开放带来的发展机遇,利用全球产业向东亚——太平洋地区进行大尺度集中转移的趋势,充分发挥劳动力成本优势,顺应向沿海倾斜的区域发展战略,促进了经济的迅速发展,并在沿海地区形成了我国的制造业基地,进而形成了京津冀、长三角和珠三角这三大都市圈。同时,中西部地区由于区位上的劣势,远离海洋的不利条件,加上对外开放程度较低、经济发展滞后,逐步拉大了与东部地区经济发展水平的差距。改革开放初期沿海与内地发展水平大体均衡,到 1995 年,东部地区与西部地区的人均 GDP 之比扩大到了 2.3∶1。

为了改变区域差距日益扩大的趋势,自国民经济"九五"计划起,中央就提出要缓解区域发展差距的扩大,主要途径就是要区域协调发展。因此,从 1996 年到 2000 年这五年,是区域协调发展的提出阶段。这五年中,学术界对于区域协调发展的内涵、主要内容等进行了探讨,特别是对中国区域发展的差距进行了研究,重点分析区域差距产生的原因,找出了解决方案。

第二,区域协调发展第二阶段(2001—2012 年)。

进入 21 世纪,区域协调发展进入战略构建时期。1999 年底,党中央决定实施西部大开发,我国的区域经济发展进入东部支援西部的新时期。据统计,从 2000 年至 2009 年,西部地区 GDP 年均增长 11.9%,高于全国同期增速。这一时期最显著的特征是基础设施建设取得突破性进展:青藏铁路、西气东输、西电东送、国道主干线西部路段和大型水利枢纽等一批重点工程相继建成,完成了送电到乡、油路到县等建设任务。特别是大规模的交通基础设施建设,改变了西部闭塞的状况,使物流更为通畅,人员出行更为便捷。

2002 年,中央提出实施振兴东北等老工业基地,战略核心是对东北等老工业基地进行技术改造,提升发展能力。国有企业的改组改制的体制机制创新取得了很大的进展。2004 年,中央开始实施中部崛起战略,中部地区以承接产业转移为核心,发展现代制造业。因此,国家在安徽皖江城市带、重庆沿江、湖南湘南、湖北荆州等地建设国家级承接产业转移示范区,取得了明显的成效。

在西部大开发、东北振兴、中部崛起等区域发展战略实施之后,一个覆盖全部国土的区域发展战略开始形成,这就是区域发展总体战略。2004 年政府工作报告提出"要坚持推进西部大开发,振兴东北地区等老工业基地,促进中部地区崛起,鼓励东部地区加快发展,形成东中西互动、优势互补、相互促进、共同发展的新格局",这标志着全国进入区域协调发展的新阶段。

2007年党的十七大报告,在区域发展总体战略上,加入了生态文明建设的内容,使经济与生态并列,主体功能区政策在生态文明建设的大背景下出台。

第三,区域协调发展第三阶段(2012—2016年)。

党的十八大之后,习近平总书记多次强调要继续实施区域发展总体战略,促进区域协调发展。这是今后相当长一段时间内区域发展的基本战略思想。

习近平总书记所强调的"区域发展总体战略",提出区域政策和区域规划要完善、创新,特别强调要缩小政策单元,重视跨区域、次区域规划,提高区域政策精准性。提高区域政策精准性是习近平总书记狠抓落实的工作作风的一贯延续和务实作风的重要体现。

多年来,我国的区域发展战略的政策单元基本上是宏观大尺度的,是对若干省市区组成的大区域进行战略指导。从顶层设计的角度讲,这种大区域的战略指导无疑是不可或缺的。但是,战略的落实需要有具体区域的规划,这就必须提高区域政策的精准性,更加有效地依据当时当地的资源条件和发展环境提出有针对性的发展路径。2013年的中央经济工作会议上,党中央把改善需求结构、优化产业结构、促进区域协调发展、推进城镇化作为中国经济发展的四个主攻方向,提出加大对革命老区、民族地区、边疆地区、贫困地区的扶持力度,"精准扶贫"是这一时期提出的最有代表性的扶持政策。

区域协调发展战略的另一个重要发展,是在党的十八大之后,党中央推出三个经济带发展战略:京津冀协同发展战略、长江经济带发展战略和"一带一路"战略,形成"四大板块+三大战略"的新的区域发展战略。

第四,区域协调发展第四阶段(2017年至今)。

党的十九大报告将区域协调发展战略首次提升为统领性的区域发展战略,正是为了解决新时代社会主要矛盾中的"不平衡不充分"的发展问题。

习近平总书记在党的十九大报告中对区域协调发展战略的阐述为:"加大力度支持革命老区、民族地区、边疆地区、贫困地区加快发展,强化举措推进西部大开发形成新格局,深化改革加快东北等老工业基地振兴,发挥优势推动中部地区崛起,创新引领率先实现东部地区优化发展,建立更加有效的区域协调发展新机制。以城市群为主体构建大中小城市和小城镇协调发展的城镇格局,加快农业转移人口市民化。"

习近平总书记在党的二十大报告中指出,"促进区域协调发展。深入实施区域协调发展战略、区域重大战略、主体功能区战略、新型城镇化战略,优化重大生产力布局,构建优势互补、高质量发展的区域经济布局和国土空间体系"。实施区域协调发展战略,是关乎我国经济发展全局的重要战略举措,是贯彻新发展理念、建设现代化经济体系的重要组成部分。深入实施区域协调发展战略,对推动区域经济持续发展和国土空间布局更加优化,形成主体功能明显、优势互补的区域协调发展新格局,具有重要意义。

第二节 "省域副中心城市"概念的发展演进

一、"省域副中心城市"概念的提出

"省域副中心城市",不同于"城市群""都市圈"等提法,它是一个地道的发源于本土的"中国式"概念,是由中国湖北的学者首次提出的。

2001年7月27日,湖北省社会科学院学者秦尊文在《要文摘报》发表《关于宜昌市发展战略定位的建议》(以下简称《建议》)一文,提出由于湖北省人多地广、地域上"东窄西宽",而省会武汉又偏于鄂东,客观上需要在西部地区培育"二传手",建议在发挥武汉这一全省中心城市龙头作用的同时,还要确立全省的"省域副中心城市"。秦尊文认为,能够在一个省份局部地区承担经济发展核心带动作用的城市可以作为省域副中心城市,宜昌能够发挥这样的作用,可以如此定位。此建议得到湖北省主要领导批示,并批转给湖北省建设厅和《湖北省城镇体系规划》编制工作承担单位。秦尊文在《建议》中还提议将宜昌定位为特大城市,并将宜昌市主要领导实行高配,认为这样做不仅有利于带动周边,还有利于与长江三峡总公司等高级别的在宜中央单位协调关系。这篇文章虽然标题是针对宜昌市的战略定位,但内容实质上涉及全省城市化战略,特别对当时的湖北"金三角"提出了异议。

2022年11月,秦尊文在《要文摘报》(第53期)上发表《关于改善我省城市化工作的几点建议》,共提出四点建议:一是发展方针变小城镇主导为大城市主导;二是布局重点变"一特五大"(武汉、黄石、荆州、襄阳、宜昌)为"一主两副"(武汉、襄阳、宜昌);三是户籍管理变被迫松动到积极引导;四是推进方式变单兵作战为整体联动。秦尊文认为,在现有文献中,这是第一次明确提出"一主两副"用语。2002年6月,秦尊文在《大武汉"集团城市"发展层次分析》《关于加快湖北

城市化的几点建议》等论文中多次提及湖北省域副中心城市问题。由于该理论应用时间的有限,当时"省域副中心城市"理论研究对象仅局限于湖北省内,还未完全在全国范围推广。

二、省域副中心城市的功能与效应研究

关于省域副中心城市的功能和效应研究的一个主要方面是其辐射和带动效应研究。丁宏鸣(2010)认为省域副中心城市的主要功能就是弥补中心城市的经济辐射缺失,发挥其经济势能辐射周边,带动区域经济发展。李春香(2012)提出,只有建成城市群,形成城市群中的首位城市,省域副中心城市才能发挥辐射作用,带动周边区域经济发展。秦尊文(2012)认为,省域副中心城市要接受和放大主中心城市的辐射,并且本身要成为一个辐射源,自身也能创造能量,否则只会使辐射衰减。周勇(2021)从区域功能的角度研究了省域副中心城市:省域副中心建设是一种区域经济发展的空间组织创新,体现了区域经济发展的新阶段特征;省域副中心建设需要处理好与核心增长极(主中心)的空间组织关系;在双循环新发展格局下,我国区域发展动力由外转内,这将强化副中心建设,原先的以中心城市为主的空间发展格局将进一步演化为以中心城市加副中心为主要形态的城市群空间发展格局。对于省域副中心城市的其他功能和效应的研究,主要包括省域副中心城市在金融、旅游、对外开放等方面的作用。李羽(2019)指出,湛江利用自己的区位、产业、港口、文化等优势在广东形成全面对外开放新格局中发挥了重要作用。随着时间的推移,对省域副中心城市的功能和效应的认识逐渐加深,研究也越来越深入。

三、建设省域副中心城市面临的主要问题与对策研究

学界认为建设省域副中心城市面临的主要问题是,城市自身经济实力不够强大,经济辐射带动力不足,交通"瓶颈"制约较大、产业转型升级步伐缓慢等。针对以上问题,学者们给出了相应的发展对策。如王俊、马海彦(2010)指出在省域副中心城市自身能力不强的条件下,更需要通过加强区域合作来提高城市的影响力和带动力,具体方法有解放思想、冲破观念和制度障碍,建立多层面沟通联系机制等;赵霞、陈丽媛(2009)在分析制约宜昌辐射功能发挥原因的基础上,提出了要从内外两方面增强宜昌省域副中心城市辐射功能,对内要做大做强,对外要争取政策支持,扩大开放水平;中共宜宾市委政府决策咨询委员会(2019)强调交通建设的重要性,提出发展交通不仅是城市区域经济发展的需要,也是省域

副中心城市功能实现的需要,如果交通不畅,辐射带动功能很难实现;天水市人民政府研究室调研组(2019)指出天水存在产业结构矛盾突出等问题,基于现存问题提出了推进农业现代化、实施"工业强市"战略、大力发展第三产业三大解决对策。2023 年 3 月,安徽省人民政府办公厅出台《关于支持芜湖市加快建设省域副中心城市的若干意见》,明确支持芜湖推动产业高质量发展,成为安徽经济增长第二极和省域副中心城市。但也指出芜湖市现今发展仍然面临着诸多问题和困难,城市综合实力不够强,城市人口集聚度和吸引力不足,市辖区常住人口不到 300 万人;创新优势发挥不足,科技成果就地转化率不高;城市功能品质活力有待进一步提高,集聚能力和辐射带动力还不强。

第三节 "省域副中心城市"战略在湖北的演进与襄阳实践

一、"省域副中心城市"战略在湖北的演进

湖北是全国最早开展省域副中心城市建设的省份。省域副中心城市战略最早是湖北省社科院学者秦尊文于 2001 年提出的。他提出:由于湖北人多地广、地域上东窄西宽,而省会武汉又偏于鄂东,客观上需要在鄂西确立一个省域副中心城市作为省会武汉的"二传手"。湖北省委、省人民政府关于"省域副中心城市"的战略部署经历了一个从动议到决策再到实践的发展历程,如表 2-1 所示。

表 2-1 湖北省委、省人民政府关于"省域副中心城市"的战略部署

演进阶段	文件名称	颁布机构	颁布时间	主要内容
调研决策	关于加强城镇建设工作的决定	湖北省人民政府	2003 年 9 月	加快省域副中心城市襄樊和宜昌的发展
持续推进	省发展和改革委员会关于加快推进武汉城市圈建设的若干意见	中共湖北省委、湖北省人民政府	2004 年 4 月	确立武汉与周边 8 市"四个一体化"(基础设施、产业布局、区域市场、城市建设一体化)

续表

演进阶段	文件名称	颁布机构	颁布时间	主要内容
持续推进	湖北省经济和社会发展第十一个五年规划纲要	湖北省第十届人民代表大会第四次会议	2006年1月	支持襄樊、宜昌两个省域副中心城市加强铁路、公路、航运和城市基础设施建设,提升城市综合竞争力和辐射带动力
	湖北省第九次党代会报告	中共湖北省委	2007年6月	进一步增强襄樊、宜昌两个省域副中心城市的经济实力,完善城市功能
	湖北省经济工作会议报告	湖北省经济工作会议	2007年12月	加快推进宜昌、襄樊两个省域副中心城市的建设,支持两个省域副中心城市全面提升综合经济实力
加速推进	湖北省经济和社会发展第十二个五年规划纲要	湖北省第十一届人民代表大会第四次会议	2011年2月	坚持以武汉为全省主中心城市,襄阳、宜昌为省域副中心城市的"一主两副"总体格局
	关于全面实施"一主两副"重大战略决策加快推进襄阳市跨越式发展的决定	中共湖北省委、湖北省人民政府	2011年6月	襄阳市是省域副中心城市、鄂西北地区核心增长极,着力建设"四个襄阳"

续表

演进阶段	文件名称	颁布机构	颁布时间	主要内容
加速推进	湖北省第十次党代会报告	中共湖北省委	2012年6月	支持襄阳加快省域副中心城市和现代化区域中心城市发展,支持宜昌加快建设省域副中心城市、长江中上游区域性中心城市、世界水电旅游名城
	湖北省国民经济和社会发展第十三个五年规划纲要	中共湖北省委	2016年4月	增强"一主两副"城市带动功能
	湖北省第十一次党代会报告	中共湖北省委	2017年7月	加强襄阳、宜昌省域副中心城市建设,进一步提升其在全省发展格局中的地位作用
打造"两翼"	湖北省第十二次党代会报告	中共湖北省委	2022年6月	大力发展襄阳都市圈,支持襄阳打造引领汉江流域发展、辐射南襄盆地的省域副中心城市
	湖北省第十四个五年规划和二〇三五年远景目标纲要	中共湖北省委	2021年4月	支持襄阳加快建设省域副中心城市、汉江流域中心城市和长江经济带重要绿色增长极

二、"省域副中心城市"战略在襄阳的实践演进

第一,初步兴起阶段。

2003年8月,国务院批准《湖北省城镇体系规划》,认可了襄阳、宜昌的"省域副中心城市"的地位。同年9月,湖北省人民政府《关于加强城镇建设工作的决定》(鄂政发〔2003〕30号)明确指出,加快省域副中心城市襄阳和宜昌的发展。此后,历次党代会和省委重要会议都要求发展省域副中心城市。2004年7月,湖北省委八届五次全会要求省域副中心城市"增强实力,完善功能"。

2005年12月,湖北省委八届九次全会将省域副中心城市发展纳入全省"十一五"规划建议。2007年6月,湖北省第九次党代会进一步确立襄阳和宜昌作为省域副中心城市的地位,明确提出支持省域副中心城市加快发展。2008年1月,时任省委副书记、代省长李鸿忠在襄阳调研时指出,省域副中心城市要进一步增强加快发展的紧迫感,尽快壮大自身经济实力,提升带动辐射能力,为把我省建成促进中部崛起的重要战略支点作出更大贡献。《湖北省经济和社会发展第十二个五年规划纲要》明确提出:加强襄阳、宜昌两个省域副中心城市建设,支持襄阳建设成为鄂西北及汉江流域的区域中心城市,城市人口规模达到200万人,建成区面积达到200平方公里;支持宜昌建设成为鄂西南的区域中心城市,城市人口规模达到120万人,建成区面积达到120平方公里。

2011年4月7日,湖北省委、省人民政府召开"一主两副"中心城市跨越式发展襄阳现场办公会,会议强调:加快实现科学发展、跨越式发展,使我省尽快形成多点支撑格局。省委书记李鸿忠在讲话中要求:省直各部门要按照倾力、尽力、竭力、全力的"四力"标准,支持襄阳建设省域副中心城市。同年6月,湖北省委发出19号和20号文件,分别作出了加快襄阳市、宜昌市跨越式发展的《决定》,对实施"一主两副"重大战略决策进行了全面部署。

第二,深入推进阶段。

2012年6月9日,时任湖北省委书记李鸿忠在省第十次党代会报告中指出:支持襄阳加快省域副中心城市和现代化区域中心城市发展,着力建设产业襄阳、都市襄阳、文化襄阳、绿色襄阳。

2016年4月,湖北省人民政府发布《湖北省国民经济和社会发展第十三个五年规划纲要》,强调增强"一主两副"城市带动功能:支持襄阳加快建设国家产业转型升级示范区、现代农业示范区、产城融合示范区、生态文明建设示范区,建设全国重要的先进制造业基地、农产品生产加工基地、区域性现代服务业中心和

综合交通枢纽，打造汉江流域中心城市。

2021年4月，湖北省人民政府公布的《湖北省国民经济和社会发展第十四个五年规划和二〇三五年远景目标纲要》明确指出：支持襄阳加快建设省域副中心城市、汉江流域中心城市和长江经济带重要绿色增长极，推动制造业创新发展和优化升级，打造国家智能制造基地、国家现代农业示范基地、全国性综合交通枢纽、区域性创新中心和市场枢纽，在中部同类城市中争当标兵，提升综合实力和区域辐射引领能力。

2022年6月，湖北省第十二次党代会提出，要大力发展襄阳都市圈，支持襄阳打造引领汉江流域发展、辐射南襄盆地的省域副中心城市，建设联结中西部新通道的核心枢纽节点，辐射带动"襄十随神"城市群发展。

三、襄阳建设省域副中心城市的经验与启示

襄阳建设省域副中心城市，是湖北省委、省政府作出的重大决策。自2003年省委提出"一主两副"战略以来，历届湖北省委省政府主要领导始终高度重视、强挺力推，接续升级拓展、精耕细作。近20年来，襄阳竞争优势、发展自信加速积累，城市影响力、辐射力不断提升。总结多年来襄阳省域副中心城市建设取得的成绩，可以得出以下经验和启示：

第一，站位大局、明晰定位，是巩固提升省域副中心城市战略地位的必由之路。

2013年10月，湖北省委十届三次会议提出，积极推进湖北长江经济带和汉江生态经济带开放开发，进一步促进长江中游城市群建设，推动"两圈两带"区域发展格局的形成，标志着湖北汉江生态经济带开放开发正式上升为省级战略。2018年10月18日，《国务院关于汉江生态经济带发展规划的批复》发布。同年11月5日，根据国务院批复，国家发展改革委印发了《汉江生态经济带发展规划》（以下简称《规划》），《规划》明确提出"支持襄阳巩固湖北省域副中心城市地位，加快打造汉江流域中心城市和全国性综合交通枢纽"，以国家战略形式确立了襄阳的城市定位和发展路径。国家发改委在《"十四五"特殊类型地区振兴发展规划》中明确提出，支持襄阳建设省域副中心城市，襄阳成为国家重点支撑建设的四个省域副中心城市之一。2022年，湖北省第十二次党代会提出，大力发展襄阳都市圈，支持襄阳打造引领汉江流域发展、辐射南襄盆地的省域副中心城市，对襄阳省域副中心城市的作用发挥、辐射范围进行了进一步细化深化，襄阳省域副中心城市建设进入了新阶段。回顾襄阳省域副中心城市建设历程，虽然

在阶段目标和具体表述上与时俱进进行了调整和充实,但始终围绕着国家和湖北省发展战略,立足于汉江流域这一底图单元,聚焦提升引领、辐射、带动作用这一方向发力。襄阳省域副中心城市也在乘借上级政策支持的东风,战略地位由省域到流域再到中西部地区,地位日渐提升,得到了国家强有力的支持。

第二,自我加压、拉伸标杆,是做大做强省域副中心城市综合实力的必由之路。

襄阳不靠海,没有重要矿产资源,远离发达的中心城市,是资源相对匮乏的典型内陆地区。在推进省域副中心城市建设过程中,襄阳果断摒弃"资源禀赋决定论""区域条件决定论""发展基础决定论"等消极思想,积极树立全国争先、中部领先、全省率先的"占位意识"。从超南阳、追洛阳,到对标青岛、苏州,从建设汉江流域中心城市,到跻身全国城市经济50强,打造中西部非省会龙头城市,实现了从"跟跑"到"并跑"到"领跑"的蝶变。特别是在宏观经济下行压力加大、新冠疫情反复冲击的近些年,仍逆势竞进、质效抢眼。2007年,襄阳经济总量只有785亿元,排名全国城市百强榜第91位,2008年突破千亿,2011年突破2000亿元,2014年突破3000亿元,2017年突破4000亿元超过宜昌,进入全国城市50强,到2022年襄阳GDP已反超洛阳152.6亿元。从2007年到2022年,襄阳经济总量连续赶超了42座城市,速度全国首屈一指。县域经济迅速扭转落伍徘徊局面,全面晋级,纳入全省分类考核的7个县(市、区)均位列"第一方阵",襄州区重返全省十强,枣阳市挺进全国县域经济和县域基本竞争力第84位。襄阳的跨越进位案例是中部地区城市崛起的典型,探索出了内陆城市发挥产业链条、交通区位和科技创新优势,抢抓国内产业转移和生产力布局调整机遇,坚定不移做大自身实力,实现跨越赶超的可行路径。

第三,夯实支撑、强壮引擎,是担当落实省域副中心城市使命任务的必由之路。

长期以来,内陆省份发展都呈现出省会城市一家独大的趋势,全省资源分布呈现典型的中心虹吸效应。区域发展不协调、区域资源利用不高效、中心城市带动作用不充分等问题明显,高质量发展动能不足、水平不高。在省域副中心城市发展布局推动下,襄阳较好地承担了湖北省发展的增长极作用。地区生产总值、规上工业总产值、社会消费品零售总额、地方公共财政预算收入等主要经济指标,占全省比重持续提升。襄阳在全省各地市州(除武汉外)GDP总量占比由2007年的12.4%提升至2021年的16.4%,14年来经济增幅达到676%,高于全省150个百分点,成为湖北经济量级跃入5万亿台阶的重要支撑力量。同时,襄阳自贸区综保区建成验收,开放平台建设提速提质,九条外向通道联通海外,成为湖北融入"一带一路"的桥头堡,更好地服务了鄂豫陕毗邻地区深度开放。100多项国家、省级改革创新试点在襄布局实施,取得一系列可复制、可推广成果,襄阳成为湖北全面深化改革的"领头雁"、创新经验的"高产田"。

第四,顺应规律、协作聚能,是充分发挥省域副中心城市带动作用的必由之路。

曾盛极一时的汉江流域,随着现代交通方式发展和区域经济中心位移,变成了长江中游、成渝、中原、关中平原这四大中西部地区城市群中的"塌陷区"。为使"塌陷区"变成新的增长极,襄阳主动担当汉江流域城市群"集体舞"领舞者角色,引领经济建设由自强向共强转变、发展方式由老套路向新理念转变、公共服务由自给自足向互联共享转变,推动汉江生态经济带开放开发上升为国家战略,重构区域经济新版图。襄阳地区生产总值、规上工业总产值等主要经济指标,在汉江流域地级城市中居首位。布局建设中国移动云平台、华为大数据中心、湖北省鄂西北(襄阳)重大疫情救治基地、检验检测认证产业园诸多大区服务型项目,覆盖中西部地区。浩吉、汉十、郑万等铁路建成通车,襄荆高铁开工建设,合襄高铁纳入国家规划,鄂北水资源配置等重大工程投入运行,中心城市"引力场"逐步形成,辐射带动效应开始显现、能力加速壮大。

Chapter 3

第三章　人口与经济发展的研究综述

第一节 人口与经济关系的基本理论

一、马克思主义"两种生产"的理论

人口发展与经济发展的关系理论的指南,是马克思主义人口理论基石,即"两种生产"的理论,这一理论包括人们生产生活资料的生产和人类自身的生产两个方面。生产生活资料的生产,即社会财富的生产,它是指人类为了生存和发展而进行的利用自然、改造自然,创造社会物质财富和精神财富的生产活动,包括衣食住行等人们所需的生活资料的生产和为了生产生活资料所必须的机器、厂房等生产资料的生产;另一个就是人类自身的生产,它是人类为了世代延续、繁衍而进行的生产活动,包括原有生命的生产和新生命的生产。这"两种生产"是紧密结合在一起的,互为条件、互为制约,必须保持一定的比例关系和高度的适应。

二、人口与经济发展之间的相互关系

马克思主义认为,社会经济的发展是人类生存和发展的基础与前提,不拥有一定的经济条件和经济基础,人类就不可能生存更谈不上发展。同时,人口是经济活动过程存在和发展的必要条件,没有一定数量、质量结构的人口,物质资料的生产也不可能存在,更谈不上发展。在人口发展与经济发展这对矛盾中,经济发展是矛盾的主要方面,它对人口发展起着决定性的影响,但人口发展又不是完全被动的,它反过来又影响经济的发展,即起到加速或延缓经济发展的作用。

三、知识经济与人口发展

农业社会与工业社会,决定人口容量的因素主要是土地的生产能力、资源和生产资料的占有。人口与经济发展的关系主要表现在人口与生产资料的相适应

与否,马克思主义的"两种生产"相适应的理论就是这一阶段诞生的。而知识经济时代,建立在知识和信息的生产、传播、分配的使用上的知识经济,代表了经济的发展方向并具有与传统经济不同的特点。经济的繁荣将不再直接取决于资源资本、硬件技术的数量、规模和增长,而是直接依赖于知识的积累和利用。传统的农民和产业工人数量将大大减少,取而代之的知识工人的数量正在增加。在从农业社会向工业社会和工业社会向知识经济时代的转变过程中,知识经济与人口发展的关系也是多方面的,主要表现在以下几个方面:

1. 知识经济必须与较高的人口素质相适应

知识经济时代,经济的发展不再依赖于人口的数量,却要求很高的人口素质。智能型劳动者将成为决定生产和管理的主体,人力资本和知识积累是改变经济系统生产的显著力量,表现在智能型劳动者的数量要超过体力劳动人员的数量,而且在智能型劳动者内部产生更加复杂的分工。同时,对产业主体的素质要求越来越高,个人知识水平决定着就业起点和收入,个人的知识结构决定着就业方向。换言之,只有具有高素质的劳动者的社会及经济才能高速发展和进步,否则将在国际竞争中处于不利地位。

2. 知识经济对人口的结构产生重大变化

第一次世界大战以前,无论是发达国家还是不发达国家,农民是人口的第一大组成部分。而今天,在所有的发达国家,农民最多占人口和劳动力的5%,产业工人开始衰退。21世纪初,产业工人比重降至1/8以下,而知识工人迅速崛起。而我国尚处于由农业社会向工业社会过渡的阶段,农民在我国劳动力中仍占绝对优势。到21世纪中叶,伴随着我国现代化进程的加速,知识工人也将逐渐增多和发展起来,最终成为社会的主导力量。

3. 知识经济也对人口分布与人口迁移产生巨大影响

从产业布局来说,知识经济既带来了分散化的条件,又给集中化带来优势。一方面,由于在网络时代信息的传播,交易谈判乃至某些商品的交换不再受空间的限制,很多产业例如软件业可以分散布局,就连企业员工也可分散在家里办公。另一方面,或许是由于创新的规模效应,金融、娱乐、通讯、保健等以知识为基础的行业越来越多地向城市集中,而且以前被城市驱逐的制造业也回到了城市。

知识经济对人口分布的影响也是双重的:一方面是人口的集中趋势,另一方面是人口的分散化趋势。人口迁移也随之出现新的特点,在人口向大城市集中的同时,出现向中小城市分散的特点等。

第二节 人口变动对经济发展的作用途径与机理

一、人口数量及变动对经济发展的影响和作用机制

人口数量多少以及增长快慢会对区域经济发展产生重大影响。人口数量及变动对经济发展影响的途径有很多，但从大方向而言，主要包括劳动力供给和人口所产生的消费需求这两个途径。人口作为劳动力的资源库，为经济活动提供一定数量、质量和结构的劳动力，并且构成生产力的重要因素参与到经济活动中。一般来说，人口数量越多，提供的劳动力数量就越多。但是，劳动力数量对经济发展的作用还取决于劳动力的供需对比状况。当经济发展速度快，劳动的技术构成低时，劳动力需求量就增大，这时，劳动力供给的增加对经济发展起到促进作用。当劳动力供给超过经济发展的需求时，人口继续增加，增加了的劳动力资源无法转变为现实生产力，人口增长对经济的促进作用就大大降低、消失甚至变成副作用，例如就业压力增加、失业加剧、贫富差距扩大等都会对经济社会发展产生不利影响。人口作为经济活动成果的最终消费者，构成了经济活动的原始动力，在刺激和扩大区域再生产的同时又对经济活动成果的再分配产生影响。人口数量增大，消费人口相应增多，进而增大对物质产品的需求，带动投资，对经济发展起到推动作用。但如果人口增长过快，超过了经济增长速度，就会使直接用于消费需求的比重增加，从而影响积累和扩大再生产的投资，最终影响经济产出。总的来说，人口数量过大、增长过快，会产生一系列对经济社会可持续发展不利的影响；反之，如果人口增长过慢，无法满足经济发展的要求，也会阻碍经济发展。只有人口数量和增长速度适宜，才会对经济发展产生积极促进作用。

二、人口素质及变动对经济发展的影响和作用机制

人口素质是人口诸多特征中最积极、能动的要素。人口素质是多种素质的综合，它包括身体素质、科学文化和思想道德素质。人口素质的提高会对经济、社会发展产生极大的作用，在现代科技高度发达的社会尤其如此。人口素质的

高低主要体现在其对经济活动效益的影响上。现代经济社会的增长已经从依靠劳动力数量投入的增加,转向劳动力质量的提高。从现实来看,一个国家或地区的出生率和死亡率的高低,往往与这个国家或地区的经济发达程度密切相关,即生产力发展水平越高,经济越富裕,该地区的人口出生率和死亡率就越低,人口数量也越稳定;相反在贫穷落后地区,出生率和死亡率都高。经济发达地区的人口自然增长率往往低于贫穷落后地区。

三、人口结构及变动对经济发展的影响和作用机制

人口结构主要包括年龄结构、城乡结构等。人口年龄构成主要由劳动年龄人口等指标来体现,经济、社会的可持续发展要求有一个适宜的人口年龄结构。劳动年龄人口决定着作为生产者的人口规模,在一定程度上影响着资源开发和经济发展过程中的生产力状况,要保持劳动力人口和经济发展相适应,就必须保持适度的劳动年龄人口。劳动年龄人口与生产资料之间比例变动及与之相对应的劳动就业,成为人口与经济、社会可持续发展的核心问题。劳动年龄人口对经济、社会发展的作用是积极还是消极,主要视社会经济发展对劳动力总量的需求而定。

第三节 经济发展对人口变动的作用途径和机理

关于人口与经济社会协调发展的内涵,可以从两方面去理解:一方面,协调发展是作为一种调节手段和管理控制职能。基本思想是通过某种方法来组织和调控所研究的系统,寻求解决矛盾或冲突的方案,使系统从无序转换到有序,达到协同或和谐状态;另一方面,协调发展作为一种状态,表达了对于系统之间或系统各要素之间的发展目标。表明各子系统或系统各因素之间,系统各功能之间,结构或目标之间的配合关系,从而描述系统整体状态。系统中各子系统和构成要素及系统与外部环境之间在相互作用过程中,总是存在种种矛盾和不协调现象,只有不断地进行调节,才能保持系统间的动态平衡,使系统整体及各子系统都能充分发挥其功能,实现子系统间的良性循环,达到系统的整体最优。

一、经济发展影响人口质量

影响人口质量的因素固然较多,但一个国家或地区的经济发展程度,则决定着该国家或地区人们的生活水平,决定着人们的衣食住用行等消费水平,决定着人们的医疗保健水平和健康状况。一般说来,人口的身体素质,随着经济的不断发展而增强。同样由于一个国家或地区的经济发展,人们生活水平不断提高,人的思维的物质基础——大脑,容量不断扩大,智力不断发展,人口的科学文化素质、思想道德素质也随着经济发展水平的提高而不断进步。

二、经济发展影响人口结构

经济发达国家与发展中国家之间的人口结构存在明显差异。如经济发达国家以年老型人口结构为主,发展中国家以年轻型人口结构为主。另外,人类自身生产的单位是家庭,经济发展对人口发展的制约作用是通过对家庭生育行为的影响而实现。家庭的生育行为,以及支配这种行为的生育观念受家庭经济条件和经济效益的制约。例如发展中国家,以手工劳动为基础的小生产者主要依靠劳动力来发展经济,由此而产生多生多育特别是多生男孩的观念;而以高科技社会化大生产为基础的发达国家的劳动力,则主要依靠运用现代科技来发展经济,由此而产生了少生优育的思想观念。

三、经济社会发展决定着人口发展的性质

在当今社会人口发展与经济发展相协调,就业岗位充分,社会生产力能以较快的速度发展。若二者比例失调,人口发展速度超过经济发展速度,就会带来失业、教育资源分配不均、住房需求扩大等一系列问题。这些问题既要靠发展经济来解决,同时要靠计划生育政策控制人口数量来解决。由此看来,人口问题不仅表现在经济方面,而且还表现在政治、文化教育、地理分布、生态环境等社会自然的各个方面。但从本质上讲,人口问题是一个发展问题,是人口发展与经济发展相适应的问题。只有经济的发展,才能从根本上解决人口问题;只有解决好人口问题,创造一个良好的人口环境,维持适度的人口总量,提升优良的人口素质,保持合理的人口结构,才能促进经济的发展。但就人口与经济的相互影响而言,并不是直接的、立竿见影的,更不能理解为每一个人口现象都是由经济发展决定的,或每一个经济活动都直接受人口发展影响的,所以要进行具体的、历史的分析。

第四节 人口集聚的基础理论研究

一、影响人口流动的主要因素

人口集聚是人口流动和人口迁移的结果,也是人口分布状态表现,是一种静态和动态的结合。在研究人口集聚的影响因素时,将人口集聚看作人口在动态流动中形成的结果,所以往往会从影响人口流动的因素入手。现有研究中对人口流动的影响因素进行了细致的分析,宏观上来看有区域经济水平和自然环境条件,微观上则包含了个人情感因素等。通常情况下,人们都会选择向区位优势更加明显的区域进行聚集,最终在区域内形成人口集聚。

二、影响人口集聚的主要因素

人口集聚的形成过程是先做出迁移决策,再执行迁移决策,最后在区域内实现人口聚集。影响人口迁移的因素有经济水平、社会环境、区域制度、个人情感等,这些因素决定了迁移成本和迁移效益。刘睿文等(2010)认为人口集聚既是一种过程,也是一种结果。它受多种因素共同影响,表现形式为某一区域中的人口向特定区域的聚集。曹洪华等(2008)在研究中用人口密度和人口流动强度两个变量的乘积代表人口集聚度,证实人口集聚程度的空间分布差异不仅反映出区域人口集聚程度,还反映出区域现有资源能力和未来开发潜力。根据以上文献了解到人口集聚是人口流动的结果,反映出区域经济与社会的差异。张伟丽等人(2021)研究发现位于城市群中心的城市流动人口较多,我国人口布局由集中转向分散,其中西部及南部地区人口损失严重。盛亦男和杨旭宇(2021)利用重心模型与社会网络分析方法,研究发现京津冀、长三角、珠三角三大城市群流动人口规模增长速度有所放缓,流动人口分布的重心持续向经济发达和人口高度集中的区域移动,加剧了我国人口分布不均衡的态势。人口的空间格局呈现出区域差异化,中心城市聚集而外围城市人口分散,人口分布格局存在明显差异。

根据国内外相关研究,可将影响人口集聚的因素分为三个部分,分别是经济条件、个人情感和区域自然条件。首先介绍经济因素对人口集聚影响的相关研究。人作为社会集聚经济发展的主体,人口集聚的形成与经济发展水平必然存在关系。胡双梅(2005)讨论了人口、产业和城市集聚在区域经济中的关系,区域经济发展水平决定了产业集聚水平,产业集聚则会增加劳动力缺口,吸引人口的集聚。李超和张超(2015)从非线性的角度讨论城镇人口集聚与城乡消费差距变化的关系,发现劳动力的流动会拉大城乡消费差距,加强人口在城镇的集聚。吴可人(2015)就长江三角洲地区人口集聚进行研究,发现人口集聚水平与地区自身经济水平相关,人口集聚水平较低和人口城市化水平相对滞后是当前长江三角洲地区存在的主要问题。曹雪和吴相利(2016)利用第五次和第六次全国人口普查数据,研究黑龙江省人口流动的原因。对比研究发现省内和省际间的人口流动原因存在差异,影响省内人口流动的因素是经济水平和社会条件,影响省际人口流动的因素则仅有经济水平。陈蓉(2016)研究我国经济活动集聚与人口集聚的作用机理,发现随着经济发展水平的提高,地区人口集聚会经历一个先分化后趋同的过程,中西部地区可能会因为经济落后、劳动力流失严重等原因逐步造成人口流失严重甚至出现区域废弃的现象。李胜(2018)将人口集聚的影响因素归纳为三个方面,分别是社会环境、家庭影响和城市融入,通过发放调查问卷找到影响集聚的主要变量为就业、房价、户籍制度、社会保障水平、教育水平。高倩等人(2018)基于河北省十五年的面板数据,利用多元回归方法研究影响省内人口流动的因素,发现主要影响因素还是经济因素,人口向经济水平高的地区流动。张耀军和王小玺(2020)从城市群层面对我国人口空间布局分布的演变过程进行研究,结论显示城市群的人口集聚水平高于非城市群,两种城市群内的人口重心移动方向相反。经济差异势必会带来社会差异、设施水平差异,这些因素也都会影响人口集聚。盛广耀(2018)运用社会网络分析方法证实经济发展水平、就业机会、收入水平、对外开放程度对人口集聚的变化存在着一定的影响。张伟丽等人(2021)基于腾讯位置大数据推算的人口流动数据,研究了我国城市人口流动的影响因素,发现经济水平、人工设施或自然环境带来的生活舒适度等因素决定了人口流动网络的形成及演变归因。

人口集聚作为人口流动的结果,是由人做出决策并进行执行才得以形成,所以在考虑人口集聚的影响因素时,微观因素也是必须要考虑在内的。人在做出决策时往往会考虑收益和风险,同样在人进行迁移决策时必然会考虑到迁移过程带来的风险损失以及迁入地所带来的增益,最终决定是否进行迁移。只有获得预期的个人满足感,人口迁移才得以完成。Stark和Taylor(1991)认为人口迁移给人们带来的经济上的差异会影响个人期望收益,如果迁入地能够带来更高的收益期望,那么人们才有可能进行迁移,否则会选择维持现状。巫锡炜等(2013)研究认为我国目前人口流动持续快速增长,流出地和流入地的经济发展水平对于吸引人口流入并不具有显著的吸引力,影响流动决策的主要因素是两地之间个人发展机会和经济收益的差距,因此在一定时期内我国人口流动在局部城市集中的趋势将会被进一步强化。

区域的自然条件也是人口集聚的重要影响因素。地形、气候、交通等方面的地理区位优势对人口具有显著的吸引力。同时,城市资源质量的优势对人口集聚的影响也至关重要。地理区位优越的城市往往有着丰富的资源和良好的生活环境。杨晓军(2017)利用中国2006—2014年的面板数据研究公共服务质量对城市人口流动的影响,结果显示城市公共服务质量越高,人口更倾向于向该城市流动,这一现象在东部城市中表现得尤为明显。进一步研究发现,城市规模会影响公共服务质量对人口流动的影响程度,城市规模越大,其影响越大。叶明确和任会明(2020)通过回归发现区域的省际人口流动网络主要受地理邻近性影响。盛亦男和杨旭宇(2021)在城市群的视角下研究发现恶劣的环境条件弱化了区域对人口的吸引力,抑制人口集聚,较高的公共服务能力与开放水平则有助于形成人口集聚。

三、人口集聚影响区域经济发展路径

第一,人口集聚推动产业结构调整促进经济发展。

产业发展需要的生产要素受到人口集聚的影响。首先,人们为了改善生活水平,获得更高的劳动收入,往往向工资报酬较高、经济发展较快的地区集聚。根据马斯洛的需求层次理论,人们向往高质量的生活,因此对产品与服务的质量要求随之提升,推动新兴产业发展,产品需求与消费结构升级能够推动产业结构升级,助推区域经济发展。其次,人口集聚主要体现在劳动生产要素从落后地区向发达地区转移,在这一过程中,众多劳动力从收益较低的农业生产中脱离,不断向收益较高的第二、三产业转移,这必然推动产业结构变化。最后,与第一、二产业相比,第三产业具有较为明显的不可贸易性,人们需要进行面对面的生产和消费,人口密集程度对其发展至关重要。同时,人口向城市群集聚会削弱当地一些部门和产业的比较优势,与农业和制造业生产部门相比,服务业属于劳动密集型产业,其发展更依赖于城市人口规模。在其他条件相同的情况下,人口集聚度较高的地区第三产业面临更大的潜在市场,吸引从事服务业生产发展的企业向城市群集聚,降低企业的平均生产成本。

区域产业结构受到个体就业偏好的影响。任栋(2015)研究发现劳动力自身的就业偏好将会影响当地服务业的就业占比。人口集聚本质就是受到诸多因素影响而做出的利好决定,更是重新配置劳动力资源的过程。技术工人从传统农业部门向现代制造业、服务业部门集聚的过程,充分释放了"人口红利",推动产业结构优化调整,为经济增长注入强有力的产业保障。第三产业与第二产业相比,具有较低的工作强度和技术要求,对低技能劳动者的接纳能力更强,人口向城市群集聚往往不局限于个人迁移,有时可能存在举家迁移,第三产业集聚能够解决迁移人口的就业问题。当人口聚集在迁入地后,新的生活消费习惯在冲击原地区的生活形态的同时,也会融合迁入地的原有生活方式,促使原地区的产业结构进行完善和升级,以满足人口集聚过程发展的需要。

产业发展是城市群经济发展的主要推动力,产业结构优化升级能够满足经济发展内在需要。一方面,生产要素从产品附加价值较低的部门转向产品附加价值较高的部门。在这一过程中,三大产业发生演进,即城市群的产业结构以第一产业为主逐步转向以第二、三产业为主。新兴产业及现代服务业务加速发展,由劳动密集型产业向技术和资本密集型转变,由传统产业向新兴产业转变。另一方面,随着产业结构升级,行业企业间的新旧产品产生更迭,新产品进入市场,旧产品退出市场,会对经济发展产生较大影响。

第二,人口集聚通过提升人力资本水平促进经济发展。

人力资本是存在人体之中,通过后天投资而产生的,具有一定经济价值的知识和技能总和。人力资本存在于健康的人体之中,具有依附性。人的能动性决定着人力资本的能动性,人口向经济发展水平较好的地区集聚时,也伴随着人力资本向该地区集聚。

区域发展的直接微观参与者是劳动者,人口集聚的过程在本质上可以看作凝聚在劳动者身上的技能、知识的集聚,人力资本作为凝结在劳动者身上的资本要素,直接参与生产经营活动。首先,当劳动力集聚在特定区域时,劳动者的空间距离缩短,见面沟通交流机会增多,经济联系加强,彼此的交流更加密切,知识和技术的传播、交流更加方便,能够提升整个地区劳动生产效率,促进经济的发展。这种效应在人力资本水平较低的地区更为显著,由于该地区知识技术水平与发达地区差距大,其后发优势更为明显。其次,城市群人口经济密度较大,具有复杂多元社会关系网络,其知识、资讯、技术流通转换的频率更加密集频繁,知识溢出效应更强。当地的劳动力能够以更低成本和更高效率获取所需的知识与技能,提升自己的技术水准,通过彼此之间相互学习,共同提升社会层面的平均专业技能。最后,人口集聚的过程中,低技能劳动者不断向高素质、高能力的劳动者学习,在竞争和合作的作用下,全面提升全体劳动者的素质能力,从而提高劳动生产率。当人口不断集聚,群体中出现高素质、高能力的劳动者的概率增加,通过这部分劳动者的组织引导和决策部署,可以有效地提高团体内的决策和组织效率,进而促进生产率的提高。

人口向城市群集聚,不同技能人才在该区域内集聚,由于城市群内部交通便捷与信息畅通,人们工作、学习的空间范围扩大,在工作、学习过程中,不断进行沟通交流,能够收获更多信息,弥补自身技能缺陷,提高工作效率。同时,企业大规模集聚为企业间创新合作和技术交流提供机遇和研究平台,在城市群内部形成技术流动和知识流动,产生技术与知识的空间溢出,实现知识和技术转移,打破产业局限和地理空间限制,提升区域人力资本水平,激发创新活力,提升区域的生产力水平,进而促进经济发展。

第五节 国内外城市加快人口集聚的主要经验

一、国外案例——德国城市加快人口集聚的主要经验

人口是支撑城市经济社会可持续增长的重要因素。随着我国人口总规模增长惯性减弱,城市人口规模快速增长的模式处于转型时期,城市居民稳定就业需求增加,同时面临生活成本增加,人口流动带来的融入感不强等问题。增强人口集聚吸引能力成为衡量城市竞争力的核心内容。德国较早经历了人口数量减少、城市衰退的发展阶段,德国城市从促进经济转型增强就业吸引,共建住宅合作社增强居住保障,推进社会城市项目增强社区凝聚力三个方面促进了人口集聚,实现了较好的人口集聚效果。本研究以德国柏林和莱比锡为例,梳理分析德国城市加快人口集聚的主要经验,为我国城市提供借鉴。

1.德国柏林和莱比锡市人口概况

柏林是德国的首都,也是德国人口最多的城市。1990年柏林人口约342.2万,到2000年减少至338.4万,至2005年,柏林人口也仅为339.1万。莱比锡位于柏林以南165公里,人口为59万。1989年,莱比锡人口大约53万;1990年开始,莱比锡人口逐年流失;1998年,不足44万,10年不到人口缩减近17%,与此同时,城市房屋被遗弃,房屋空置率从1995年的4.1万套上升至2000年的6.9万套。

2. 德国城市促进人口集聚的主要经验

德国重视居民参与城市建设管理,通过发动居民的积极性和主动性,促进城市转型发展,将就业、居住保障和社区服务作为增强人口吸引力的重要内容,在以下三个方面开展了长期的实践。

(1) 借力整体性城市规划推动城市转型发展,增强城市就业容纳能力。

为了应对城市收缩的挑战,莱比锡以整体性城市规划为抓手,进行城市复兴。一方面,通过制定规划明确发展路径,先后制定了20世纪90年代的Boomtown Leipzig 城市发展大型项目建设、21世纪初的收缩与城市重建战略规划和现在的综合性城市发展规划"2030莱比锡可持续增长",推动莱比锡"再城市化",以促进城市经济增长,规划突出强调"生活质量、社会稳定、城市竞争力、国际影响力"。另一方面,通过理念创新重振信心。2007年,欧盟27国部长在莱比锡召开了有关城市发展和地域团结的欧盟部长级会议,发布了《莱比锡宪章:欧洲可持续发展城市》,提出综合城市发展策略,从城市整体出发关注城市贫困社区。整体性城市发展规划为城市衰败地区进行基础设施环境更新改造提供了整体战略。在整体性规划引领下,莱比锡不断突出其艺术和文化特质,强化其商品交易地位,突出其欧洲中心的区位,打造新的有竞争力的产业,不断出台一些有效机制来吸引善于创造创新的人口来莱比锡。这些措施彻底扭转了城市人口下降的趋势。莱比锡住宅空置率从2000年的6.9万套下降至2009年的3.5万套,下降了49.3%;人口从2000年的44万增长到2018年的59万,增长了34%;就业机会从2001年的1.29万个增长到2010年的19.17万个,年均增长35%。

(2) 依托住宅合作社建设共建共享的住宅小区,增强城市居住保障能力。

德国在保障住房福利的宏观政策指引下,推行了住宅合作社制度,即鼓励城市居民通过自建房和合作建房等多种形式,打破开发商对房屋供应的垄断,政府加大对住宅合作社支持,维持了大城市住房和生活服务的低成本,增强了城市吸引力。

住宅合作社在保障居民住房方面发挥了三个作用。一是维持了较低的住房成本。德国政府对住宅合作社提供了长期低息贷款、借款保障、减少税收、租金补贴等支持,减轻房屋建设和居住成本,同时实行住宅租赁房租管理制度,使房租降低到社会能够负担的水平,柏林住房合作社公寓租金大概相当于市场价格的1/3,有效降低了城市居民的住房成本。二是增强了租赁住房的长期稳定性。德国实行租户保护制度,保护承租人的利益,允许代际继承,同时合作社成员在建造房屋的同时,组建管理委员会,居民共同参与决策社区管理,共建共管的组织结构增强了合作社成员的稳定性。三是不断提升优化租赁住房的管理服务水平。住宅合作社不仅仅提供住房,同时在管理委员会的带动下,不断向居民征集提升居住环境和服务的建议,如增加运动场、公园等公共活动空间、可再生能源充电设施、提供老年人和儿童照顾设施和服务、重视对特殊困难人群的关怀等。住宅合作社为城市居民提供了稳定的居住保障,解决了居住的后顾之忧,发挥了积极的人口吸纳作用。柏林的人口已从 2005 年的 339.1 万增长至 2010 年的 347.5 万、2015 年的 356.3 万、2018 年的 363.4 万。

(3)以社会城市项目推动城市更新,增强社区凝聚力。

德国的社会城市项目开始于 1999 年,社会城市项目以城市利益与私人利益相结合,铸造社会凝聚力为出发点,充分发动居民参与城市建设和更新,鼓励城市强化社会融合,支持社区管理,通过激活社区促进社会发展,建设符合居民需求和持续发展活力的城市,具体形式包括居民参与基础设施建设、城市更新,参加城市公共事务,参与职业技能培训等。

截至 2019 年,德国已经有 530 多个镇或城市的 930 个邻里社区实施了社会城市项目。2019 年德国联邦、州和地方政府共投入 1.9 亿欧元实施社会城市项目。莱比锡市 Georg-Schumann-Straße 社区是一个位于莱比锡市最长主街两侧的老旧社区。随着莱比锡人口收缩,街道两侧房屋的空置率日益上升,街道上各式交通工具混杂,四轮卡车带来的粉尘污染了空气,街道两侧违章停车时有发生,加之社会基础设施不足,文化和社会活动缺乏,贫困人口较多,该片区失业率比莱比锡城市平均失业率高出 5 个百分点,街道两侧的零售商店也因人口流失空置率日增。

为了激活社区,2009 年以来莱比锡城市规划开始了聚焦城市社会空间打造的社会城市建设,采取了基于主街道资产梳理的自下而上的参与式整体性城市规划。莱比锡住房促进与城市更新局和城市规划局联合支持老城区更新改造,规划项目落地得到了联邦德国城市土地开发基金的支持。之后,为了摸清居民的需求,莱比锡老城更新社会城市项目办公室组织了各种规模的社区参与式研讨活动,鼓励利益相关方及社区居民参与讨论社区的发展问题。在切实了解社区居民需求的基础上,着手构建社区社会基础设施,与社区人共同打造社区公共社会空间,如建立开放了社区信息分享中心,通过活动促进社区居民的交流,强化"家园"感,并逐步提升社区居民对其所居住环境的归属感拥有感。这种拥有感越强,居民对城市更新改造、对城市发展持续参与的兴趣就越强烈,社区凝聚力也越强。

二、国内案例——国内城市加快人口集聚的主要经验

纵观国内一二线城市,人口基本呈持续流入状况,因此对于一二线城市而言,主要以吸引人才为主。如武汉的"百万大学生留汉计划"等,其吸引人才政策虽然对荆门具有一定的借鉴意义,但对于荆门集聚劳动力政策,借鉴意义不大。因此,国内特别是中西部地级市集聚人口的政策无疑对襄阳具有极强的借鉴意义。

1. 大力发展产业加快人口集聚

国内一些城市,通过大力发展先进制造业集群,推动产业结构加速提档升级,从而促进人口集聚。

(1)通过传统产业转型升级,促进人口集聚。如佛山打造制造业创新中心,实施"产业引才",2019年一年时间新增常住人口24.9万。以佛山市海天调味食品股份有限公司为例,通过实施产业转型,发展衍生出多种业务,吸纳了大量的中高端人才。再如美的集团,通过产业转型升级,吸纳了大量国际化高端人才、数字化领域人才、工业4.0领域人才以及家电领域的专家。

(2)大力发展高新技术产业促进人口集聚。以河北廊坊市为例,不断完善城市配套设施,建设中心商务区、生态公园和大批高精尖产业园,积极开展招商引资,促进高新企业集聚。2019年廊坊市成功引入航天航空科技产业的龙头企业——航天一院,迁入2万多人,其中1.5万人为科研人员,加上家属及配套人员,城区新增人口超过4.5万人,打造拥有完整航天产业链的县域城市。同时,廊坊市大量承接北京外溢资源和高新产业,借势大兴国际机场世界一流的临空经济辐射,创造就业岗位约30万个。

(3)大力发展劳动密集型产业促进人口集聚。如富士康2010年落户郑州,富士康作为全球最大的电子产业科技制造服务商,仅用10年时间就为河南带来了一个千亿级的产业集群,电子信息产业企业超300家,提供就业岗位近100万,每年可以减少近100万的劳动力外出务工,实现在家门口就业。郑州市第七次全国人口普查数据显示,到2020年,郑州新增常住人口397万,平均每年增加39.7万人。

2. 加大奖补力度加快人口集聚

近年来,全国很多二三线城市爆发抢人大战,各地纷纷出台扶持政策吸引人口,具体政策有如下方面。

(1)放松落户政策。如贵阳"最宽松"的落户新政,降低门槛"容缺办",对符合基本条件,申请人无法提供或未携带相关非主项材料的,当场作出承诺后,即

可受理;放宽政策"拓宽办",凡是在贵阳市拥有商品房合法所有权和在贵阳市租赁房屋的申请人,均可在实际居住地落户。贵阳一直对落户政策进行放松调整,2019—2022年常住人口新增24.07万人。

(2)吸纳高层次人才补贴政策。如江西省九江市分A、B、C、D类人才引进,实行"人才绿卡"制管理,用人单位均可凭其身份证及相关资格证书等复印件,向市委人才办申办"九江市人才绿卡",持卡有效期分为无期限、5年和3年。"人才绿卡"持有者每年可在公立医院免费健康体检,可到全市公办旅游景点免费参观,可申请专家休假疗养;对新引进的高层次人才,公积金贷款不受缴存时间限制,购买首辆家用轿车给予最高5万元的补贴。九江市中心城区于近三年新增常住人口14万人。

(3)吸纳大学生就业创业的补贴政策。如2019年温州市吸纳大学生的就业创业补贴政策,毕业2年以内的高校毕业生到中小微企业就业,按照专科、本科、硕士研究生、博士研究生学历分别给予个人每月300元、500元、1000元、2000元的就业补贴,补贴期限不超过2年;毕业5年以内的高校毕业生到家政服务或农业企业就业,并依法缴纳社会保险1年以上的,给予个人每年1万元的就业补贴,补贴期限不超过3年。到2020年,温州市计划引进新增大学生7万人,实际引进10.48万人,完成率达到149%。

(4)吸纳农民工就业创业的补贴政策。如河南邓州市支持评选返乡创业示范园区及示范项目,有效吸纳农民工返乡就业创业,被认定为"省级农民工返乡创业示范县"的,省财政给予一次性奖补200万元,对评定为"省级创业培训示范基地"的,省财政给予一次性奖补300万元。评选为返乡农民工创业省级示范项目的,根据其项目前景、带动就业等情况,给予一次性奖补2万元至15万元。截至2022年,共评选3家返乡创业示范园区、8家返乡创业示范项目,累计发放奖补资金259万元,累计返乡创业5.6万人,创办各类经济实体2.7万余家,带动就业25万人。

3. 完善社保措施促进人口集聚

围绕人口集聚,各地探索完善社会保障措施,补齐社保短板,促进人口集聚。

(1)不断完善教育医疗保障体系。如九江市为了吸纳务工人员,满足其子女入学需求,在中心城区就业落户的农民子女及其他常住人口随迁子女,凭户口本或居住证均享受中心城区居民子女入学的同等待遇。在完善医疗保障体系方面,满足卫生健康服务需求,大力发展城市社区卫生服务,根据需要可设置若干社区卫生服务站,为居民提供公共卫生服务和基本医疗服务,面向城市居民(包括流动人员)免费提供12类基本公共卫生服务;对符合城镇低保救助条件的外来落户人员,按照属地管理原则纳入城镇低保范围,享受人均每月200—300元低保待遇,因病致贫的外来人员可享受大病医疗救助。如2019年江西省新余市通过出台民生措施37条,如打造"城市颐养之家＋N项服务"示范点,在市直公立医院、部分民营医院开展夜间门诊延时服务、夜间大型检查预约服务,开展十种重大疾病免费救治,进行医学检验结果和影像资料互认,一年时间新增6万城镇人口。

(2)创新人口集聚的社保政策。如济南市公积金异地购房,对于在其他城市缴存公积金,在济南购房申请公积金贷款的,在审批贷款资料时,取消户籍限制;如上海的医保异地报销,在职人员在外地出差期间就医,医疗费用可由参保人现金垫付,事后可到邻近区县医保事务中心或街道医保服务点(代办)申请报销;再如进城落户的农业转移人口,保留其农村集体经济组织成员资格。农业转移人口落户城镇后,按照相关规定,保留应享有的农村宅基地使用、农业支持保护补贴、农业机械购置补贴等各项惠农政策。

4.优化城市环境促进人口集聚

近年来,各地不断改善城市软硬环境,健全服务设施,优化营商环境,促进产业发展和人口集聚。

(1)优化城市生态环境。如,九江市提升城市自然环境加快中心城区人口聚集,先是做优城市设施,加快城市基础设施建设并美化、艺术化,做好道路、广场、给排水管网、文体设施、园林绿化等市政建设,打造一批游园景观带和道路绿化带;之后是畅通交通瓶颈,构筑全方位进入城市的交通格局,进一步压缩周边地区居民进入中心城区的路程和时间,促进地域全面开放和人流物流聚散。以此不断完善城市功能,提升城市品位,打造宜居宜业的人居环境,促进地域全面开放和人口向城区集聚。

(2)优化营商环境。2023年7月,出台了《苏州市优化营商环境创新行动2023》,围绕优化提升市场环境、创新生态、政务体系、法治诚信、人文底色"5个维度",推出126条举措、239项具体事项,干货满满、含金量高,旨在打造办事效率最高、投资环境最优、企业获得感最强的投资目的地,为企业家们提供有求必应、无事不扰的"店小二"服务,让国企敢干、民企敢闯、外企敢投,做大地域优势,从而加快人口集聚。

5.提供便捷服务促进人口集聚

各地不断提高"窗口式""一站式"服务,简化办事流程,为进城人员提供"保姆式"服务。提供"一站式"服务专窗促进农业转移人口市民化。如安徽宿州2019年向农业转移人口提供"一站式"服务专窗,办理就业技能培训补助、吸纳就业补助、来宿人才就业补助、免费创业培训、个人创业担保贷款、社会保险关系转移事项。对符合政策、材料齐全可以办理的,在5个工作日内办理办结,在办结后1个工作日内将办理结果通过"服务专窗"进行反馈,同时反馈申请人。需要材料传递送达的,在两个工作日内送达申请人。

三、简要述评

目前学术界在人口经济问题研究上取得了突破性或创新性的研究成果,但是在研究的视野、方法、地域范围上还不够全面。具体表现在一是大部分学者单纯从经济学或环境学的角度对人口与经济发展的关系和影响进行研究,仅仅反映了其本质的某一侧面,而学者们对人口和经济发展中存在的问题以及实现人口和经济协调发展的途径研究并不多,研究深度也不够。二是大部分学者主要运用了定性或定量的方法,很少采用定性与定量相结合的方法。三是从研究的地域范围来看,学者们主要是从省际的角度来研究人口特征的某一方面对地区经济差距的影响,但研究人口作用于具体城市经济差距的较少。

在21世纪的前半叶,随着供给侧结构性改革推进深入和国际市场经济竞争力的逐步提高,中国经济将呈现快速增长趋势。预计到2030年经济增长极其迅速,之后,进入稳定的增长期,到2050年,经济总规模将超过美国达到世界首位。到那时,劳动力素质的改善和科学技术进步与创新引起的劳动生产率上升将是经济发展中最活跃的因素。在未来中国的发展进程中,人力资源短缺必然是一大瓶颈,而克服人力资源束缚的关键在于加大人力资本投资。因此,本书认为,面对中国处于转型的关键时期这一现状,在今后研究中应从人口学、经济学、环境学、地理学等学科中多学科、全方位、多视角地加以分析和研究人口和经济社会协调发展的问题,并对以下领域的研究给予更多的关注。

第一,人力资本与经济发展的内在关系研究。虽然学术界在过去对人力资本与经济发展的关系研究取得了一些重要成果,但相对于人力资本的全部内涵相差较远。今后,从宏观上,学者们应从动态角度对人力资本对经济增长的贡献率进行更深入地分析和研究。从微观上,学者们应侧重采用实证研究的方法对人口流动的经济收益和健康投资收益进行研究。

第二,人口与可持续发展关系研究。在未来一段时间内,我国人口与经济关系问题研究的突破口将是人口与可持续发展的研究,这将是人类社会关注的重点。值得注意的是,对于人口、经济、环境、资源可持续发展的研究应更加突出区域性的特征,以省域副中心城市——襄阳作为研究对象,来确定区域人口与经济社会协调发展的具体模式,这样才更加具有针对性,以达到指导实践的作用。

第四章　襄阳市经济发展特征与形势研究

第一节 襄阳市经济发展阶段

襄阳是中国历史文化名城,是楚文化、汉文化、三国文化的发源地。襄阳自古即为交通要塞,素有"南船北马,七省通衢"之称,新中国成立之前产业以手工业和商贸业为主。新中国成立以后,襄阳市经济发展大体上可以分为三个不同的阶段时期。

一、工业化初步发展时期(1949—1992年)

新中国成立初期实现从手工业到重工业的跨越。1949年,襄阳工业主要以传统手工业为主,包括小烟厂、小酒厂和小型米面油加工厂。1953—1956年,国家实行社会主义改造,襄阳响应"大办工业"号召,建设了一批公私合营和地方国有工厂,重工业起步发展。

"三线建设"助力成为全国"工业明星城市"。1965年,襄阳被列为"三线"建设重点区域,国家在此先后开办一批三线军工企业,带动了襄阳工业经济跨越发展。1965—1977年,通过"三线建设"和引进科技人才开展"双革四新",襄阳形成了轻纺、电子、机械、化工、建材、医药等60多个门类171个行业的工业结构体系,一跃成为全国十大工业明星城市之一。

"改革开放"为经济全面发展注入活力。改革开放后,农村家庭联产承包责任制的确立、全民所有制企业改革等措施的推进落实、商品经济的发展以及自营进出口的实现,有效解放和发展了社会生产力,襄阳经济快速增长。1979—1992年地区生产总值年均增长10.2%,快于改革开放前(1953—1978年)4.6%的年均增速,也比全省年均增速快0.6个百分点。20世纪80年代,襄阳抢抓"二汽出山"机遇,于1984年动工建设东风二汽襄樊基地,随着二汽铸造三厂、柴油发动机厂、汽车试验场等一批骨干项目竣工投产,襄阳汽车工业迈入快速发展期,支撑工业总产值由1980年的10.8亿元增加到1992年的114.9亿元。到1992年,襄阳地区生产总值达到107.6亿元,跨越百亿数量级。

1952—1992年,襄阳GDP从4.19亿元增加107.55亿元(见图4-1),按可比价格计算,年均增长6.5%;第二产业增加值从0.15亿元增加到38.85亿元(见图4-2),对GDP增长的贡献率从1952年的3.6%提高到36.1%。这

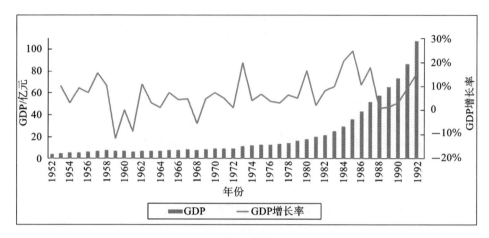

图 4-1　1952—1992 年襄阳市 GDP 变化情况

资料来源：整理自"湖北省地区生产总值核算历史资料 1952—2019 年"。

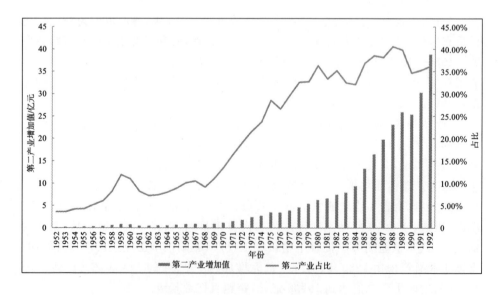

图 4-2　1952—1992 年襄阳市第二产业变化情况

资料来源：整理自"湖北省地区生产总值核算历史资料 1952—2019 年"。

一阶段,襄阳市农业是经济发展的主导力量,工业经济初步发展,拉动力不断增强。

二、现代产业体系基本形成时期(1993—2011年)

邓小平同志南方谈话后,随着财税、金融、外贸、医疗、住房等各项体制机制改革的推进以及现代企业制度的逐步建立,市场经济日益活跃。襄阳市大力发展产业经济,有效促进了生产力提升与产业结构优化。

1993年进入工业化主导时期。1993年,襄阳汽车工业实现产值36.80亿元,超过纺织产业成为襄阳工业第一主导产业,同时,第二产业增加值首次超过了第一产业。1997年,襄阳工业增加值突破百亿元大关,成为支撑经济发展的第一大行业。

1997年进入低谷徘徊时期。1997年,襄阳长期积累的"计划经济综合征"集中爆发,农业发展进入瓶颈,并出现了重大腐败窝案,三重打击之下,严重影响了经济社会健康发展。襄阳市经济总量占全省比重由1997年的10.9%下降至2002年的9.9%,之后经济社会发展又经历了数年的蓄力调整。1997—2007年,地区生产总值由311.50亿元增加到785.50亿元,经济社会发展在曲折中前进。

2008年国企改革助力经济实现跨越发展。2008年国企改革加速,襄阳全市上下抢抓发展的黄金机遇期,争取了一批交通、水利、能源等方面的重大基础设施项目,并积极承接沿海地区产业转移,扩大对外开放力度。襄阳市工业自2008年以来每年以20%以上的速度增长,经济规模实现一年一个大跨越,2011年襄阳市规模以上工业总产值突破3000亿,比2006年增长近5倍,逐步形成了"一个龙头、六大支柱"产业发展格局,居全省工业第一方阵。

1993—2011年,襄阳GDP从145.00亿元增加到2070.05亿元,年均增长11.5%,2008年地区生产总值首次突破千亿元大关(见图4-3)。产业结构比从35.5∶37.1∶27.4调整为13.1∶54.5∶32.4,处于工业化主导时期。

三、区域性中心城市建设时期(2012年至今)

党的十八大以来国家和省级战略推动经济高质量发展。党的十八大以来,随着湖北省域副中心城市、汉江流域中心城市和中部地区重点城市建设的深入

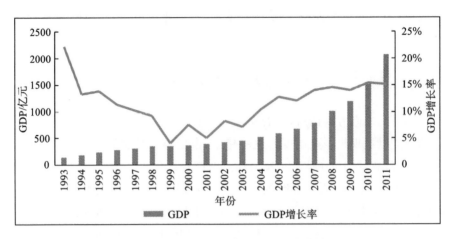

图 4-3　1993—2011 年襄阳市 GDP 变化情况

资料来源：整理自"湖北省地区生产总值核算历史资料 1952—2019 年"。

推进,襄阳城市能级和产业层次加快提升,高质量发展步伐加快。2012 年以来,襄阳抢抓湖北实施"一主两副"战略、脱贫攻坚、全面建成小康社会等发展阶段,积极推进新型工业化和新型城镇化建设,加速构建现代市场经济体系,地区生产总值从 2012 年开始,每三年跨越一个千亿元台阶,在 2015 年、2018 年、2021 年分别突破 3000 亿元、4000 亿元、5000 亿元大关。

党的十九大以来全面深化改革和经济社会发展进入新阶段。党的十九大以来,随着党政机构改革、扩大对外开放、美丽乡村建设等一系列重大改革措施的推出,以及自贸区改革、简政放权、精准扶贫等改革举措的深化,为襄阳市全面建成小康社会和加快社会主义现代化建设注入了新的动力。2018 年,襄阳地区生产总值达到 4400.96 亿元,进入全国城市 50 强;2019 年,襄阳地区生产总值达到 4812.8 亿元,在全国城市排名跃升至第 46 位,相比 2008 年提升了 40 位;2020 年,受疫情影响同比有所下降,但仍然保持住了全国 50 强的位次。2021 年跨越 5000 亿元大关,达到 5309.73 亿元,稳居全省第 2 位,人均 GDP 跨越了 10 万元大关。2012—2022 年,襄阳 GDP 从 2406.19 亿元增加至 5827.81 亿元,年均增长 8.37%(见图 4-4),总量回升至湖北省第 2 位,超过洛阳,成为中部地区非省会地级市第一,位列中部地区第 6 位,全国第 45 位;产业结构比从 13.5∶53.8∶32.7 调整为 10.4∶46.9∶42.7,服务业比重提升较快,襄阳已迈入工业化中后期发展阶段。

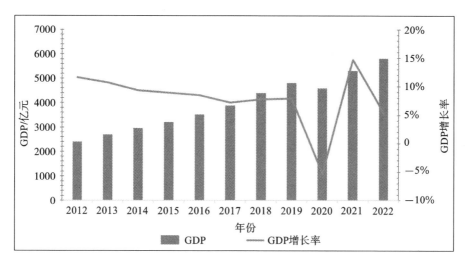

图 4-4　2012—2022 年襄阳市 GDP 变化情况

资料来源：整理自"湖北省地区生产总值核算历史资料 1952—2019 年"；2020 年、2021 年、2022 年襄阳市国民经济和社会发展统计公报。

第二节　襄阳市经济发展特征

新中国成立以来，襄阳市经济发展从建国初期的逐步复苏，到改革开放后的加速增长，再到党的十九大以来的高质量发展，经济总量持续跨越，生产力水平不断跃升，城市知名度和影响力日益提高，实现了由弱至强的历史性转变。纵观襄阳市发展脉络，整体呈现出以下三个特点。

一、以汽车为支柱的制造业是支撑襄阳经济发展的主引擎

襄阳因工而兴，因工而名，经济增长趋势与工业增长趋势基本一致。襄阳工业经济发展经历了从手工业到重工业，再到以汽车为支柱多极支撑的产业格局，工业增加值总量由 1 千多万元大幅提高到 2022 年的 2734.56 亿元，对 GDP 增长的贡献率从 1953 年的 3.9% 提高到 2022 年的 46.9%。其中，制造业增加值达

到 2290.33 亿元,占工业比重达 83.8%,对 2022 年 GDP 增长的贡献率为 39.3%,是襄阳经济高质量发展的根基和底盘(见图 4-5)。

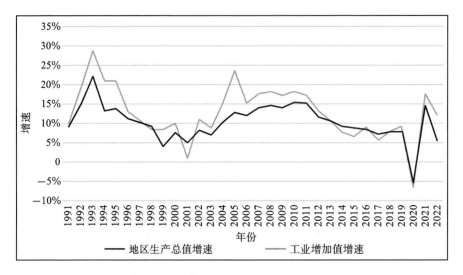

图 4-5　1991—2022 年襄阳市 GDP 与工业增加值增速对比情况

资料来源:整理自"湖北省地区生产总值核算历史资料 1952—2019 年";2020 年、2021 年、2022 年襄阳市国民经济和社会发展统计公报。

二、农业是促进襄阳经济发展的稳定器

襄阳地处南襄盆地,北部地区是较广阔的平原,气候温和、日照充足、水资源充沛、南北兼优、四季分明、地貌多样、土种繁多、适宜多种作物生长,自然条件优越。襄阳是农业大市,农产品产量全省领先,在全国范围内都有着重要影响,也支撑了农产品加工业企业的发展和农民收入的增加。十八大以来,襄阳市农林牧渔业增加值从 2012 年的 324.52 亿元增加至 2022 年的 644.09 亿元,年均增长稳定在 6% 左右(见图 4-6)。特别是 2020 年,在疫情冲击下,农林牧渔业增加值增长 2.4%,对稳定经济发展起到了压舱石的作用。

三、交通枢纽建设是保障襄阳经济发展的助推器

"三线建设"为襄阳带来了路网发展机遇,全市新建襄渝、汉丹、焦柳三条铁路,公路通车里程由 1965 的 4258 公里提高到 1978 年的 6337 公里,推动 GDP 在"四五""五五"期间年均增长 7.1%,高于 20 世纪 60 年代 2.8% 的 GDP 年均

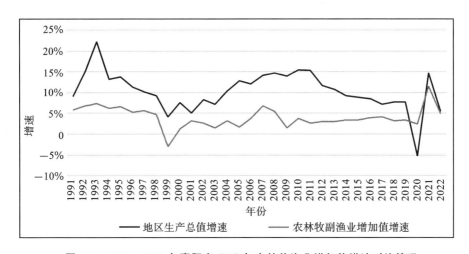

图 4-6　1991—2022 年襄阳市 GDP 与农林牧渔业增加值增速对比情况

资料来源：整理自"湖北省地区生产总值核算历史资料 1952—2019 年"；2020 年、2021 年、2022 年襄阳市国民经济和社会发展统计公报。

增速。"十一五"以来，襄阳铁路、公路和航线建设不断加速，浩吉铁路、汉十高铁、郑渝高铁和襄阳东站开通运营，207 国道、316 国道成功外绕，交通物流、文化旅游等领域取得积极进展。襄阳全国交通枢纽建设有利于充分发挥人流、物流、资金流、信息流、技术流集聚效应，做大做强特色产业，也有利于发挥历史文化底蕴，扩大旅游消费需求。

第三节　襄阳"十四五"面临的发展形势

一、襄阳市"十四五"经济社会发展面临的宏观环境

一是工业化进入后期，进入全新的人工智能制造时期。工业化是一个国家和地区发展的必经阶段，没有工业化就没有现代化，强大的工业化是强国的基础。中国经过新中国成立以来 70 年特别是改革开放 40 多年的工业化发展，现已成为世界第一大工业国，跨过了工业化初期和中期阶段，但工业化大而不强，卡脖子的地方还很多，实现制造强国的目标十分艰巨。尤其是当前以人工智能

技术为标志的第四次工业革命已经到来,其深度和广度将超过以往的前三次工业革命(以蒸汽技术为标志的第一次工业革命、以电力技术为标志的第二次工业革命、以信息技术为标志的第三次工业革命)。由此,"十四五"进入的工业化后期,代表着进入一个全新的工业化时代,即进入人工智能制造时代,"智能大脑"决定制造流程,大量的无人工厂、无人车间、无人物流、无人售卖将成为常态,并对产业结构、社会就业、仓储物流、用户体验,以及产业链、价值链等产生革命性影响。还应注意,随着中国由"制造大国"变成"消费大国",进口需求激增,"十四五"进出口结构可能会出现进口大于出口的历史性拐点,成为世界第一进口大国,这对全球贸易结构和国内经济发展动能也会带来革命性影响。

二是城镇化进入后期,进入城镇有机更新和城乡人口双向流动的时期。改革开放以来,中国城镇化经过超常规发展,到2019年常住人口城镇化率为60.6%,按照城镇化发展规律,城镇化率达到70%左右时就会稳定下来,并出现城市人口流向农村的逆城市化现象,目前距这一节点还差约10个百分点。因此,"十四五"期间,城镇化进程放缓和出现逆城市化将是大趋势。今后城镇化要解决的问题:第一,进一步打开城门,放宽城镇准入门槛,使常住人口城镇化率与户籍人口城镇化率(2019年分别是60.60%和44.38%,两者相差超过16个点)趋向一致。第二,加快城镇有机更新,包括"腾笼换鸟",拆违扩绿,完善公共设施等,使城镇让生活更美好;第三,打开乡门,允许城镇人口到农村购房、租地、创业、居住,也就是鼓励城镇的人才、资金、技术、项目等向农村流动,唯此乡村才不会老去,乡村才能振兴。第四,规划引导好跨省域的城市群、都市圈、城镇带的合理布局和有序发展,完善城镇功能,提高辐射能力。第五,高度关注地区发展业已形成的"东快西慢、南强北弱"现象,防止地区发展陷入强者愈强、弱者愈弱的"马太效应"陷阱。

三是市场化进入深度改革期以及基于法律和规则的制度完善期。改革开放以来,中国的快速发展得益于市场化改革,得益于从单一计划经济体制,到计划经济为主、市场调节为辅,再到让市场在资源配置中发挥基础性调节作用,又到让市场在资源配置中起决定作用的递进,得益于政府和市场这两只手的交替作用和政府的强势主导。当前,随着前期改革红利的减弱,改革进入了全面深化的攻坚期,进入了啃硬骨头的时期。就经济体制而言,营造公平、公正、公开、透明的营商环境,包括登记物权、税收税制、投资者保护、知识产权保护、消费者权益保护、跨国贸易、治安环境等的统一规范,立法保障,成为当务之急。"十四五"期间,推进市场化改革尤其是供给侧结构性改革,必须在土地、资金、技术等要素市场化和完善产权制度上破题,构建有利于激发经济主体活力的新型税费制度,约束地方政府基于文件、政策、纪要、批示等的干预市场、行政垄断和打压微观主体的行为,使民企、国企、外企基于法律和规则进行平等竞争。

四是国际化进入分化期,进入全球治理体系的大变革时期。中国是二战后国际秩序的构建者。改革开放以来,中国实行改革与开放结伴而行,积极恢复和加入世界经济组织,大力吸引外资,扩大贸易出口,放开人才流动,促进国际经济大循环,快速提升了国际化水平和国际竞争力,对经济全球化做出了重要贡献。然而,随着全球化必然带来的差异化发展,中国崛起、亚洲崛起和欧美相对式微,世界经济发展进入了再平衡时期。"十四五"发展的国际视野,应以"构建人类命运共同体"为指导,以"一带一路"建设为引领,以"共商共建共享"为原则,以"亚投行"等为载体,加强中美沟通,密切同中亚、中欧、中非等地区合作,坚定做国际秩序的维护者、多边主义的践行者和全球治理体系变革的推动者。

二、"十四五"时期全国经济社会发展走势、区域经济格局变化对襄阳市的影响

一是"高质量发展"与襄阳"十四五"。党的十九大报告明确提出,中国经济已由高速增长阶段转向高质量发展阶段,正处在转变发展方式、优化经济结构、转换增长动力的攻关期,建设现代化经济体系是跨越关口的迫切要求和战略目标。这种战略定位是党的十九大以后国民经济发展的主旋律,需要竭尽全力为之奋斗。因此,襄阳"十四五"规划的第一关键词就是"高质量发展"。在这种共识的支持下,襄阳"十四五"国民经济运行的中心任务,就是围绕高质量发展进行既符合各地实际又具有创新意义的探索,促进经济社会发展质量实现历史性跃升,为建立现代经济体系奠定基础。

在全球新一轮科技革命和产业革命快速推进的背景下,各国科技创新进入活跃期。中国人工智能、量子信息、移动通信、工业互联网、物联网、区块链等领域快速发展,为经济社会发展注入了强大活力。基于这样的科技创新基础,"十四五"时期,襄阳的高质量发展要以更加包容开放的理念认真学习与借鉴发达地区的经验与做法,调动和集中更多社会资源,加大研发投入,研究与试验发展(R&D)经费占GDP的比重要达到2.3%以上。充分发挥高学历、高层次人才增量较大的优势,全面实施创新驱动发展战略,高度重视各类创新人才,尤其是青年创新人才的创新主力军作用,以多种方法鼓励各个领域45岁以下的优秀人才脱颖而出,发挥其创新创业对经济社会进步的代际促进作用和对新业态、新产品、新模式、新服务的激发引导作用。在涉及国计民生的领域中形成更多的创新

引领效应。襄阳以供给侧结构性改革的战略思路向全社会供给比较充裕的创新资源的条件已经具备,以创新支撑经济社会高质量发展势在必行。

二是"加快制造业转型升级"与襄阳"十四五"。2014年,习近平总书记在河南视察中铁工程装备集团有限公司时提出了推动中国制造向中国创造转变、中国速度向中国质量转变、中国产品向中国品牌转变的重要论述,形成了"三个转变"的理论架构,这为中国装备制造业的发展指明了方向。2017年,党的十九大报告中提出,加快建设制造强国,加快发展先进制造业,促进中国产业迈向全球价值链中高端,培育若干世界级先进制造业集群,这为中国制造业创新发展提出了新目标。2019年9月,习近平总书记在河南调研时指出,制造业是实体经济的基础,实体经济是中国发展的本钱,是构筑未来发展战略优势的重要支撑;要坚定推进产业转型升级,加强自主创新,发展高端制造、智能制造,把中国制造业和实体经济搞上去,推动中国经济由量大转向质强,扎扎实实实现"两个一百年"奋斗目标,这为襄阳市"十四五"规划指明了制造业发展与实体经济之间的辩证关系。因此,必须坚定不移地继续发展制造业,把这个实体经济的基础巩固好。按照习近平总书记的要求,把制造业和实体经济搞上去,才有利于构筑未来发展的战略优势,这是襄阳制造业发展新的历史方位。

三是加快制造业转型升级与襄阳"十四五"。实现由"制造大市"向"制造强市"的转变,已经成为新时代襄阳经济发展面临的重大课题。在经济发展由高速增长转向高质量发展的新的历史条件下,高度重视制造业可持续发展是推动襄阳经济由量大转向质强的基本依托,也是进一步提升工业综合实力的标志。只有通过持续的科技创新,扎扎实实地推动制造业迈向高质量发展,并加强自主创新,发展高端制造、智能制造,促进襄阳由制造大市迈向制造强市才能够更加有底气,以先进制造业支撑襄阳市"十四五"国民经济和社会高质量发展的基础才能够更加稳固。

四是高度重视实体经济与襄阳"十四五"。实体经济是关系国计民生的部门或行业,典型的有机械制造、纺织加工、建筑安装、石化冶炼等,是以物质生产为主的经济,是国民经济可持续发展的基本支撑。习近平总书记强调,实体经济是中国发展的本钱。国内外大量事实证明,无论国民经济水平提高到何种程度,如果弱化实体经济或放弃实体经济,就意味着偏离了国民经济稳定、健康、可持续发展的轨道,将给地方的发展特别是给老百姓的就业、提升收入水平造成损失。与实体经济对应的虚拟经济对国民经济发展也很重要,也需要重视并适度发展。但是,虚拟经济是为实体经济服务的,是为促进实体经济进一步发展提供生产要素支撑的,绝不可以把一个地区的国民经济发展的大局完全寄托于虚拟经济,

"脱实向虚"是一个地方经济畸形发展的表现,因此,按照习近平总书记的明确要求,把实体经济搞上去,对襄阳"十四五"国民经济健康发展影响深远。

五是高度重视高端制造与智能制造的技术创新与集成和襄阳"十四五"。高端制造、智能制造领域的创新发展是"十四五"时期襄阳制造业发展的关键。近年来随着国家重大装备研发计划的推进,襄阳已经在高端制造领域取得重大进展,在装备制造业、新能源汽车制造、电子信息、医药化工等方面逐步具备了参与国内竞争的条件。进一步创新的重点是通过自主创新掌握各个领域更多核心技术与发明专利,在医疗装备、检测装备、数字制造装备等方面取得新突破,共同为襄阳"十四五"高端制造业发展提供新技术、新基础零部件、新材料等方面的支持。制造业数字化、网络化、智能化是新一轮工业革命的核心技术,是未来制造业发展的制高点和突破口,国内先进城市应想方设法抢占技术制高点与国际标准的话语权。借鉴国际上促进智能制造发展的经验,一般都采取重大项目联合攻关的组织方式。"十四五"时期需要在总结经验的基础上,进一步发展更多的智能制造重大项目,调动社会各个方面的创新资源,共同破解技术创新与管理难题,推动智能制造快速发展,为襄阳经济高质量发展提供先进制造业支撑。

三、"十四五"时期全国、全省和襄阳市经济社会发展所处的阶段性特征

一是"十四五"时期全国经济社会发展所处的阶段性特征。

第一,高质量发展阶段。中国特色社会主义进入新时代,其基本特征就是我国经济已由高速增长阶段转向高质量发展阶段,逐步实现从速度到质量、从规模到效益的转变。第二,服务业主导阶段。服务业为主导的现代经济体,服务业增加值占 GDP 比重达到 60% 左右,服务业就业比重达到 50% 以上,服务贸易迅速增长,全球竞争力从要素成本优势向创新为核心的综合优势转变。第三,新型城市化阶段。到 2025 年,我国城镇化率将达到 2/3 左右,城镇总人口规模在 9 亿以上,占世界比重接近 1/5,是世界最大规模的城市社会,也是中国经济发展、社会进步、文化繁荣的最大动力。第四,深度老龄化和少子化阶段。根据全国老龄办的预测,预计到 2025 年我国 60 岁以上的老年人口总数从目前的 2.4 亿人将突破 3 亿。伴随"老龄化、少子化"现象出现,总抚养比不断增大。第五,创新强国阶段。我国已经从"富起来"阶段迈向"强起来"阶段,从追赶强国时代到开启创新强国时代,从走向世界舞台到走近世界舞台中心,从世界大国转变为全球性大国。始终坚持对外开放的基本国策,在创新强国方面取得重大进步,经济实

力、科技实力、国防实力、国际影响力以及综合国力的大幅提升,为构建人类命运共同体作出更大贡献。

二是"十四五"时期全省经济社会发展所处的阶段性特征。面对新形势,落实新要求,回应新期盼,湖北将迎来一个全新的发展时期。

第一,产业高质量发展的突破期。"十四五"时期,湖北总体仍将处于工业化中后期,实体经济仍是重中之重,加快创新驱动和产业转型升级是实现高质量发展的必然选择。扎实的产业基础、完备的产业体系、丰富的科教资源,将为我省重大科技创新取得突破性进展、打赢产业基础高级化、产业能力现代化攻坚战提供强大支撑,助推产业高质量发展实现突破。第二,中部强大市场的培育期。"十四五"时期,为有效应对外部环境变化,支撑经济平稳运行,必须培育强大市场,持续释放内需潜力。湖北中等收入群体崛起,消费提质升级需求强烈,消费市场潜力和投资吸引力巨大,市场供给充分,交通物流优势明显,市场精神底蕴深厚,营商环境持续优化,开放合作深入推进,培育中部强大市场正逢其时。第三,区域协调发展的深化期。推进社会主义现代化强省建设,必须充分发挥各地比较优势,统筹解决区域发展不平衡不充分问题。"十四五"时期,"一芯两带三区"区域和产业发展布局加快形成,武汉国家中心城市功能不断完善,襄阳、宜昌省域副中心地位进一步巩固,省内三大都市圈建设加快推进,城乡融合和乡村振兴深入推进,将推动湖北区域协调发展向更高层次迈进。第四,生态文明建设的关键期。"十四五"时期,人民群众对良好生态环境的期盼更加强烈,新旧环境问题叠加,部分地区资源环境承载能力已经达到或接近上限。全面改善环境质量、加强生态建设的紧迫性更加突出。随着湖北经济实力持续增强,生态文明制度逐步完善,科技进步和发展方式加快转变,绿色发展理念深入人心,湖北更有能力、有条件加快解决生态环境突出问题,推进美丽湖北建设取得关键性进展。第五,人口结构变化的加速期。"十四五"时期,湖北将处于稳定的低生育率水平,人口增长速度持续下降,劳动年龄人口逐渐减少,人口老龄化加快,人口红利逐渐消失。人口持续向城镇特别是大中城市聚集,人口质量显著改善,人才规模迅速扩大,外出劳动力明显回流,城镇化率持续提高,城市人口加快增长,农村人口空心化趋势加剧。人口结构的加速变化将对全省经济社会发展产生深远影响。第六,社会治理体系的完善期。社会主要矛盾已经发生变化,人民对民主、法治、公平、正义、安全等方面的要求日益增长,迫切需要完善共建共治共享的社会治理制度体系。"十四五"时期,必须聚焦人民期待的增长点,找准各方利益的结合点,全面深化改革,妥善应对和防范化解重大风险挑战,推进治理体系和治理能力现代化,确保全省人民安居乐业、社会安定有序。第七,疫情后经济社会发展的重振期。面对疫情带来前所未有的困难与挑战,在党中央、国务院的坚强领导下,湖北省委、省政府带领湖北人民迎难而上、直面大考,统筹做好常态化疫情防控和经济社会发展工作,抢时间抢机遇抢要素,坚决打赢疫后重振攻坚战。习近平总书记指出:"湖北经济长期向好的基本面没有改变,多年积累的综合优势没有改变,在国家和区域发展中的重要地位没有改变。"全省经济社会发展由2020年一季度"按住暂停"全面下滑,转向二季度"重启恢复"强力反弹,经济指标降幅持续收窄,部分指标月度开始转正,经济运行总体复苏态势持续向好,积极因素不断累积,打赢疫后重振攻坚战的基础更加稳固,信心更加充足。

三是"十四五"时期襄阳市经济社会发展所处的阶段性特征。

"十四五"期间,襄阳将正式开启高水平推进社会主义现代化建设新征程,但仍处于向高质量发展转型的关键阶段,处于工业化提升期、数字化融合期、市场化攻坚期以及公共服务体系加速提质期。

第一,工业化提升期:工业化进程尚未结束,正在进入深度工业化阶段。按工业化有关理论,襄阳多个指标已达到"中后工业化"水平,如2022年襄阳全市常住人口居民人均GDP为11.1万元(折合美元1.65万),已形成"二三一"的产业结构且第一产业占GDP比重仅10.4%,霍夫曼比例系数低于1。第一产业就业人数占比、城市化率等方面离目标仍有一定差距。从区域协调发展看,2022年保康、南漳人均GDP仍低于全市平均水平,不少地区还处于工业化中后期阶段;从质量效益看,尽管襄阳工业经济供给体系较为强大,但大多数仅能满足中低端需求,人均工业增加值和国内、省内部分省市相比亦有明显差距。"十四五"期间,襄阳仍将处于工业化提升期。高端制造业成为工业增长主动力。近年来,以新能源汽车制造、装备制造业等为代表的高端制造业增速不断加快,占比不断提升。"十四五"时期,高端制造业将成为襄阳优化产业结构、培育增长新动力的主要抓手和突破口。制造业服务化与服务业制造化相向发展。"十四五"时期,襄阳先进制造业与现代服务业将不断融合,一方面,制造企业投入产出和生产经营服务化趋势明显;另一方面,服务企业凭借其技术、管理等优势,产业链逐步向制造业延伸。

第二,数字化融合期:数字经济激发高质量发展新动能。数字经济成为新一轮产业竞争制高点。当前,全球新一轮科技革命加速演进,美、德、日等发达国家均把发展数字经济作为提升国家竞争力的重大战略。"十四五"期间,能否在数字经济领域抢占先机,将决定襄阳在全球产业竞争中能否实现由"跟跑者""并行者"向"领跑者"的历史性转变。数字经济赋能传统产业转型升级。襄阳传统产业正在经历从要素驱动向创新驱动转型的阵痛期,"十四五"期间,数字经济将强力赋能传统产业转型升级，助力传统产业全方位、全角度、全链条的流程再造和体系重构，推动传统产业摆脱粗放生产方式，实现产业链向高端转变。数字经济仍是创业创新最活跃的领域。"十四五"期间，数字经济将作为襄阳创业创新最活跃的主场战，进一步吸引汇聚来自全国、全省的高端人才、高端资本和高端技术等。

第三，市场化攻坚期：改革的广度和深度不断拓展，营商环境进一步优化。首先，政府数字化转型步伐加快。"十四五"期间，襄阳将加快新一代人工智能等技术在政府数字化转型中的运用，加快"掌上办事""掌上办公""互联网＋监管""互联网＋督查"建设步伐，将"最多跑一次"改革向纵深推进。其次，产权制度和要素市场化配置机制更加完善。"十四五"期间，襄阳将进一步完善现代产权制度，在以亩产效益为核心的工业用地市场化配置改革基础上，进一步推动生产要素从低质低效领域向优质高效领域集中。再次，以"一带一路"为统领的全面开放新格局加快形成。"十四五"期间，襄阳将进一步加大金融、教育、文化、医疗等服务业领域对外开放程度，打造高质量外资集聚地和高水平对外投资策源地，在参与和服务"一带一路"、"长江经济带"建设、发展更高层次开放型经济、打造国内一流营商环境上走在前列。

第四，公共服务体系加速提质期：补短板、扩供给、促创新。首先，基本公共服务围绕"七有两保障"（学有所教、病有所医、幼有所育、劳有所得、老有所养、住有所居、弱有所扶、优军优抚服务保障、文化体育保障）目标加快补短板。加快发展地区、农村地区基本公共服务供给面临"质""量"并举问题。近年来，襄阳市从农村流动到城市的人口基本公共服务体系面临"新二元结构"压力，均是"十四五"时期需重点攻克的民生短板。其次，扩大非基本公共服务供给成为民生改善的重点任务。"十四五"期间，要扩大高质量非基本公共服务供给，如增加托幼服务有效供给、促进社会办医加快发展、全面开放养老服务市场等。再次，公共服务提供方式更加多样化、提供主体更加多元化。"十四五"时期民生领域新技术将得到进一步开发和应用，各类市场主体参与公共服务体系建设的渠道不断拓宽，极大地丰富了襄阳公共服务的提供方式和提供主体。

四、"十四五"时期襄阳市面临的机遇与挑战

一是拥有的新机遇。"十四五"时期是襄阳由全面建成小康社会向基本实现社会主义现代化迈进的关键时期，深刻把握"十四五"时期新的阶段性特征和要求，要求襄阳顺应经济社会发展的基本规律，充分认识发展面临的机遇和挑战，

坚持顶层设计、顺势而为、乘势而上,不断推动襄阳经济社会发展竞进提质、迈上新台阶。

第一,新一轮产业革命正在催生新经济。习近平总书记发表重要讲话时曾指出:"现在世界科技发展有这样几个趋势:一是移动互联网、智能终端、大数据、云计算、高端芯片等新一代信息技术发展将带动众多产业变革和创新,二是围绕新能源、气候变化、空间、海洋开发的技术创新更加密集,三是绿色经济、低碳技术等新兴产业蓬勃兴起,四是生命科学、生物技术带动形成庞大的健康、现代农业、生物能源、生物制造、环保等产业。"随着新技术、新产业的发展,不同产业之间边界渐趋模糊,"十四五"期间,襄阳作为省域副中心城市,其新兴产业的发展空间广阔。

第二,高质量发展将推动实体经济、科技创新、现代金融及人力资源协同发展。十九大报告明确指出:中国特色社会主义进入新时代,我国经济已由高速增长阶段转向高质量发展阶段,正处在转变发展方式、优化经济结构、转换增长动力的攻关期。推动经济高质量发展是襄阳当前和未来一段时期确定发展思路、实施宏观调控的根本要求,加快建设实体经济、科技创新、现代金融、人力资源协同发展的产业体系,是建设现代化经济体系、实现高质量发展的重要内容和关键所在。

第三,健康观念转变,推动产业链向高价值环节延伸。2016年10月《"健康中国2030"规划纲要》出台,党的十九大报告中旗帜鲜明地提出要实施"健康中国"战略,完善国民健康政策,为人民群众提供全方位全周期健康服务,大健康产业将成为推动地方经济增长的新动力。2020年初新冠疫情发生后,党中央高度重视,习近平总书记亲自指挥、亲自部署、亲自推动疫情防控工作,提出坚定信心、同舟共济、科学防治、精准施策的总要求,强调把人民群众生命安全和身体健康放在第一位。"70后""80后"正逐渐成为社会各领域的中流砥柱和财富的主要拥有者,同时也是主流消费人群,他们崇尚自然、高品质的消费观念,与"50后""60后"的观念有所不同,也正是由这批较高收入、健康理念先进的人群带动,关于健康消费的社会价值观正在发生根本性变化,人们从关心治疗逐渐转向关心预防、养生及整体健康管理,未来产业链将向高价值环节延伸。

第四,服务业拉动经济增长的贡献率不断提高,新业态新模式发展潜力巨大。未来五年,我国服务业增加值比重将保持平稳上行,预计将达到65%左右。在流通性服务业增加值比重缓步回落的同时,生产性服务业增加值比重持续上升,个人服务业增加值比重稳中有增,社会服务业增加值比重逐渐提高。制造业和服务业将走向深度融合。互联网经济、数字经济、共享经济等新模式与传统业态日趋融合,为经济增长提供新动力新引擎。

第五,长江经济带发展战略、汉江生态经济带发展规划已上升国家战略,产业集群已成为区域经济发展模式和产业发展的重要组织形式。随着汉江生态经济带一体化"升格",特别是高铁时代的到来,全国性综合交通枢纽的形成,将显著增强襄阳吸纳集聚要素和辐射带动区域发展的功能。以减量化增长推进高质量发展取得明显成效,各项改革创新持续突破,重大工程项目建设加快推进,城市能级持续提升,为襄阳推动发展动能转换、产业转型升级积蓄了强大后劲,注入了新的强劲发展动能。襄阳作为汉江流域中心城市地位更加凸显,襄阳可抓住区域一体化发展机遇,积极融入区域开放格局,主动参与中部地区、汉江流域产业分工合作,深度融入区域产业集群,进而在全球产业链和价值链中占据更高位置。

二是面临的主要挑战。在看到机遇的同时,必须清醒地认识到"十四五"期间发展面临的挑战,主要表现在六个方面:

第一,稳增长提质效的任务艰巨。全市经济社会发展不平衡不充分的问题还比较突出,综合实力、发展质效与"一极两中心"的地位不相适应。经济下行压力加大,实体经济困难加剧,民营企业、中小微企业困难较多,投资预期下降,企业扩大再生产趋向保守谨慎,企业融资难、融资贵的问题没有根本解决。产业结构不优,产业发展融合度不高;产业、产品大多处在供应链中低端,高精尖产品少,精品名牌少,质量效益不高,竞争力亟待提升。

第二,新旧动能转换的进程亟待提速。襄阳传统产业比重高,转型升级任务重,旧动能仍然处于"爬坡过坎"的量变积累阶段。工业"一车独大",传统产业调整转型阵痛加剧,新兴产业支撑力不足;服务业占地区生产总值比重低于全国全省平均水平,现代服务业发展滞后;农业供给质量不高,科技创新能力不强等问题依然突出。以汽车制造、装备制造为主的传统优势产业面临转型压力,战略性新兴产业、"四新"经济等新动能块头不大,拉动力不强,一时难以弥补传统动能减弱留下的缺口,新动能亟待增强。

第三,开放水平有待进一步提高。尽管襄阳近年来在引进外资方面取得了不错的成绩,进出口贸易也增长较快,增速均超过全国平均水平,但进出口规模仍然偏低。襄阳外贸(进出口)依存度从"十三五"初期(2016年)的3.48%上升到"十四五"中期(2022年)的6.37%,而宜昌外贸依存度从"十三五"初期(2016年)的4.79%上升到"十四五"中期(2022年)的7.54%。有出口实绩的外向型企业偏少,融资难、招工难普遍加剧,物流环节较多,物流成本较高仍未明显改善,汇率风险较大,出口企业面临较大转型升级压力。吸引外资区域分布不平衡。破解制约开放的体制机制不够健全,法治化、国际化、便利化的营商环境尚未形成。改革试点较多,但形成的先行先试示范效应不强,缺乏能够上升为顶层设计的经验。襄阳经济外需驱动能力与其他城市相比明显不足,开放水平仍需进一步提升。

第四,生态环境保护任重道远。资源环境约束趋紧,环境承载压力日益加大,节能减排任务较重,大气复合型污染、农业面源污染、水环境污染等问题比较突出,推进减量化增长、实现绿色发展任务艰巨。大气污染防治形势依然严峻,城市空气质量优良天数比例堪忧,2022年襄阳市区空气质量为优良的天数为256天(标况),占整年天数的70.1%,较2020年同期水平降低4.8个百分点(见图4-7)。少部分地区污水处理设施建设滞后,提标升级改造进展缓慢,污水收集管网建设不配套。部分县市区(老河口、宜城)污水处理厂仍然通过明渠取水,雨污未分流,大量生活污水未经处理直排经沟渠汇入汉江。畜禽养殖污染较为严重,襄阳市畜禽养殖规模居全省前列,污染物排放对周边环境影响较大,群众反映较为强烈。部分县(市、区)对畜禽养殖污染整治工作重视不够,禁养区、限养区划分不清晰,禁养区畜禽养殖场关闭工作落实不到位,畜禽养殖场粪污综合利用设施建设还需进一步加强。

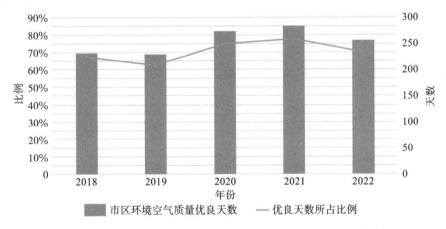

图4-7 "十三五"以来襄阳市区空气质量为优良的天数及所占比例

第五,改善民生的任务艰巨。公共服务保障水平与人民群众期盼有明显差距。优质教育资源不足,教育均等化水平不高,学前教育、职业教育质量有待提升,高等教育发展质量与副中心城市地位不匹配。健康襄阳建设任务繁重,人民群众看病难、看病贵问题没有得到很好解决。就业结构矛盾突出,高校毕业生、农村贫困人口等重点群体就业压力大。社会治理能力亟待增强,社会稳定、公共安全、意识形态领域和网络安全等方面风险还不同程度存在。

第六,科技创新水平有待提升。由于中部经济和新兴经济发展不足,研发投入低(见图4-8),R&D经费占GDP比重低,科技创新投入低于国全省平均水平,2021年,襄阳市R&D经费投入96.81亿元,仅占全省的8.3%,少于洛阳(153.91亿元)、宜昌(128.13亿元)等城市;R&D经费投入占GDP比重为1.8%,低于全省(2.3%),低于洛阳(2.8%)、宜昌(2.4%)等城市。成果转化弱,万人发明专利拥有数量较低(见图4-9),产学研用成果转化能力有待加强。创新资源少,优质高等教育资源不足,创新平台建设相对滞后,高新技术企业少(见图4-10),高水平企业技术中心少。

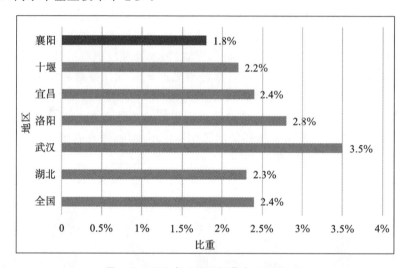

图4-8 2021年R&D经费占GDP比重

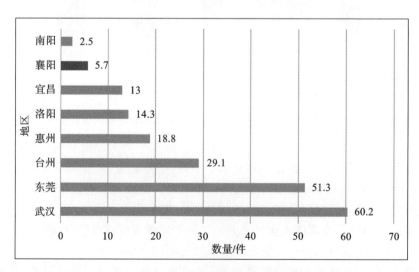

图4-9 2021年万人发明专利拥有数量

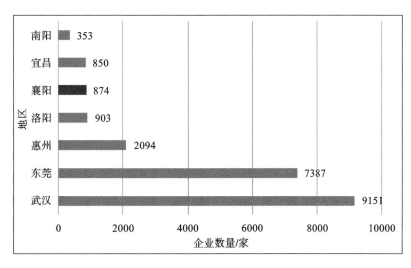

图 4-10　2021 年高新技术企业数量

Chapter 5

第五章 襄阳人口变动特征与趋势研究

第一节　襄阳市人口发展阶段

人口转变理论也称人口过渡论或人口演变论,是研究传统人口再生产类型(高出生率、高死亡率和低自然增长率)向现代人口再生产类型(低出生率、低死亡率和低自然增长率)过渡的理论,为当代世界人口学界普遍认同的最重要的人口理论之一。根据法国人口学家兰迪的"三个序列"理论,人口转变过程可分为三个阶段:第一阶段为原始阶段,人口增长的典型特征是极高的出生率、极高的死亡率和极低的自然增长率;第二阶段为中间过渡阶段,高出生率、高死亡率(两者较原始阶段为低)和低自然增长率;第三阶段为现代阶段,先是死亡率持续下降,出生率维持不变,人口增长加速,后是出生率也开始下降,自然增长率由高又转入低。

目前,国际上通用的用以判断一个国家或地区的人口转变过程是否完成的指标有两个:一是总和生育率 TFR(假设妇女按照某一年的年龄别生育率度过育龄期,平均每个妇女在育龄期生育的孩子数)是否降到 2.1 的更替水平以下;二是出生人口平均预期寿命是否达到或高于 65 周岁的老年人口下限。

人口增长过程也是人口再生产的过程,它不仅是一个生命繁衍的自然现象,也与社会制度、不同时期的经济发展水平、人口的文化素质、人口生育政策和生育观念等有着密切的联系。新中国成立以来,襄阳人口从 1949 年的 232.67 万人,增加到 2022 年的 527.6 万人[①],人口增加了 294.93 万人,增长 1.27 倍,年均增长率为 11.1‰。从 70 多年时间来看,人口自然增长率曲折的变化历程在一定程度上代表了人口发展的变化趋势(见图 5-1)。

为了便于分析研究,本研究根据传统意义上的衡量标准,把自然增长率大于或等于 20‰作为高速增长,10‰—20‰作为中速增长,5‰—10‰作为低速增长,多年来持续低于 5‰并相对稳定作为平稳低速增长。按照这一划分标准,不同时期人口增长量和增长率,大致可以分为七个阶段。

---

① 由于 1952—1994 年随州隶属襄阳市(原襄樊市)管辖,本研究中 1949—2017 年襄阳市人口数量按常住人口标准计算,且不包含 1952—1994 年随州市常住人口数量。数据来源:襄阳市人口普查办公室、襄阳市统计局数据,襄阳市 2010 年人口普查资料。

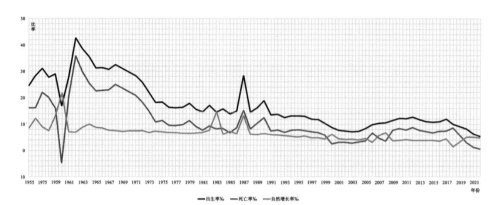

图 5-1 襄阳人口出生率、死亡率、自然增长率变化曲线

一、第一阶段(1955—1961年)：人口增长剧烈振荡期

新中国成立初期，经济恢复和社会变革推动生产发展，改善了人民生活，使得人口迅速增长，但是1959—1961年由于国民经济遭受严重挫折，襄阳经济社会发展陷入困境，人民生活遇到很大困难，人口增长也步入低谷，全市人口出生率大幅下降，从1957年的31.09‰下降到1960年的16.73‰，而同期人口死亡率则由9.04‰上升到21.63‰。这四年间，人口年自然增长率下降了13.35‰，1960年自然增长率仅为－4.90‰。1957—1960年这四年是第一阶段出生率最低的时期，而死亡率则是新中国成立以来最高的。

二、第二阶段(1962—1971年)：人口高速增长时期

随着国民经济走势向好，补偿性生育来势很猛，形成了襄阳人口增长第二个生育高峰期。1962年，全市人口出生率跃至42.72‰，成为新中国成立以来襄阳人口出生率最高的年份。随后1963—1971年，人口出生率均维持在28‰以上的较高水平，自然增长率也维持在20‰以上的水平。1971年，全市人口总量增加了85.26万人，平均每年增加8.53万人，年均增长25.15‰。

1962—1971年，全市人口平均出生率处较高水平，其中1962年达到了这个阶段的峰值，为42.72‰，人口自然增长率也达到35.82‰的峰值。这一阶段全市总人口从1955年的266.91万人，增加到1971年的387.66万人，17年净增120.75万人，平均每年增加7.1万人，年均增长率为22.2‰。这一阶段是襄阳

市人口增长的第一高峰期。虽然这一高峰期持续时间不长,但是它的惯性作用对后来襄阳人口发展产生了重要影响。

三、第三阶段(1972—1979年):人口增长率稳定下降期

在这一时期,人口出生率从1972年的25.83‰下降到1979年的17.88‰,1979年的人口出生率比1972年下降了7.95个千分点。由于这一时期死亡率的变化幅度较小,由7.56‰下降至6.53‰左右,处于低水平并呈稳中有降态势。人口增长速度的下降主要依靠出生率的降低来完成,这一时期的人口自然增长率从1972年的18.27‰下降到1979年的11.34‰,人口增长进入了低速增长阶段。这一阶段的前几年,由于第一次出生高峰生育的人口陆续进入婚龄期,人口出生率、增长率还处于较高水平。1973年,我国开始实行计划生育政策,生育状态有所控制,人口控制工作初见成效。1972—1979年这8年来,全市人口增加了40.05万人,平均每年增加5万人,年均增长为12.11‰。

四、第四阶段(1980—1990年):人口增长小幅振荡期

进入20世纪80年代后,全国范围内普遍实行计划生育政策,人口出生率基本没有出现过大的反弹或大起大落,同期死亡率也处于稳定状态。但从图5-1中可以明显看出,这一阶段人口出生率经历了1987年和1990年两次小高峰,人口增长小幅震荡。1982年出生率上升是由于1980年新《婚姻法》颁布实施,这使在计划生育政策宣传未到位的情况下,部分原来要实行晚婚晚育的群体在《婚姻法》规定允许的下限范围内结婚,导致结婚人群集中,出现了出生率的小幅反弹。1987年前后的小幅波动是因为第二次出生高峰生育的人,即1962—1966年出生的人进入婚育期。这一时期,全市人口增加了67.98万人,平均每年增加6.18万人,年均增长13.12‰。

五、第五阶段(1991—2000年):人口增速持续回落期

随着人民群众的生育观念的转变,育龄妇女的平均初婚年龄逐步提高,妇女总和生育率的逐步下降,全市人口出生率由1991年的13.56‰持续下降到2000年的8.72‰,与此同时,自然增长率也由同期的7.50‰下降到2.59‰。进入20世纪90年代,襄阳人口增长进一步趋缓,1991—2000年这10年时间里,襄阳人

口增加了 57.07 万,平均每年增加 5.71 万人,年均增长 10.56‰,人口增速持续回落。

六、第六阶段(2001—2020 年):人口稳定低速增长期

2001 年以来,襄阳人口自然增长率一直保持在 9‰ 以下的低水平,尤其是 2001 年至 2005 年,人口自然增长率下降到 4‰ 以下。人口自然增长率的不断下降表明前几次出生高峰对襄阳人口增长的影响在减弱,人口发展已进入一个低出生、低死亡、低增长的时期。

随着经济社会的进一步发展,20 世纪 90 年代末期,襄阳市流动人口开始迁出市区,尤其是 2000 年以来,襄阳市迁出人口快速增加,推动了襄阳人口总量及结构的变化。第六次人口普查数据显示,全市常住人口的出生率为 12.24‰,死亡率为 3.90‰,自然增长率为 8.34‰,分别低于第五次人口普查 6.67、2.57、4.1 个千分点。全市人口总和生育率降至 0.97,平均预期寿命高达 79.63 岁,依照国际标准,襄阳人口转变过程已基本完成。

七、第七阶段(2021 年至今):逼近"人口零增长"阶段

从 2001—2020 年,襄阳的人口自然增长率都在 2‰ 以上,2021 年则下滑到 1.2‰,到 2022 年更是快速降低到 0.6‰,出生人口明显下降,导致襄阳自然增长率迅速下降,相对来说,死亡水平是比较稳定的。随着襄阳经济社会发展程度的提高,人们的婚育观念和婚育行为发生了变化。加之工作压力增大,晚婚晚育,甚至不婚不育,成为一些年轻人的选择。

第二节 襄阳市人口变动的主要特征

一、常住人口和户籍人口"双减少"

截至 2020 年 11 月 1 日零时,襄阳市常住人口达到 526.10 万人,与 2010 年

第六次全国人口普查相比十年共减少23.93万人,下降4.35%,年平均下降0.44%。十年间襄阳市户籍人口从"六普"的592.38万人,减少到"七普"的588.9万人,减少了3.48万人,年均减少11.88‰。而"七普"数据显示离开户籍所在地半年以上到其他地区的流动人口达到了82.29万人,是"六普"41.1万人的2倍。流动人口中,跨省流动人口为11.42万人,省内流动人口为70.87万人。流动人口的快速增加是襄阳市常住人口低速增长的主要原因(见图5-2)。

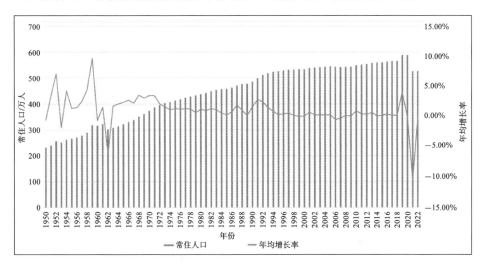

图5-2 襄阳常住人口数量以及年均增长率变化情况(1950—2022年)

资料来源:整理自襄阳市2020年第七次全国人口普查资料;2021年、2022年襄阳市国民经济和社会发展统计公报。

从历次人口资料来看,历次普查中间年份全市人口总量平均增速总体上呈逐次回落走势,1953年、1962年、2021年出现三次较为明显的波谷,其中2021年常住人口年均增长率达到历史最低,为-10.49%。

二、生育旺盛期妇女占比缩小,生育水平继续下降

第七次人口普查数据显示[①],2020年襄阳市育龄妇女总数为12.48万人,比2010年"六普"时减少1.81万人,年均减少1.36%。其中,20—34岁生育旺盛期妇女人数为5.2万,比2010年减少0.42万,生育旺盛期妇女的总量对于降低人口出生率起到了重要的作用。与此同时,全市育龄妇女生育水平进一步下降。

---

① 本段内容为第七次人口普查10%长表抽样数据。

2020年全市育龄妇女一般生育率(一年内活产出生数与同期平均育龄妇女数之比)为35.52‰,比2010年的39.64‰下降了4.12个千分点;总和生育率为1241.56‰,比2010年的1452.39‰下降了210.83个千分点。少儿抚养比(0—14岁人口与15—64岁劳动年龄人口之比)进一步降低。第七次人口普查数据显示,2020年襄阳市少儿抚养比为12.88%,比2010年下降7.8个百分点。少子化趋势短期内会在一定程度上减轻社会抚养压力,但在未来几十年里,老年人口的社会抚养压力可能会加剧。

三、本地人口迁出速度变缓,总量规模不断减少

根据1998—2022年襄阳市户籍人口与常住人口的统计数据(见表5-1),襄阳市自1998年以来,户籍人口呈波动上升趋势;1998—2019年常住人口指标一直稳步增长,但2020年常住人口数量急剧下降到526.1万人,比上一年减少了41.9万。1998—2022年,襄阳市户籍人口数量始终高于同期常住人口数量,这表明襄阳市存在较为明显的人户分离现象。常住人口与户籍人口数量的差值即"流动人口",自1998年以来呈现波动增长态势,到2020年达到顶峰62.8万人。从流动人口数量增长速度来看,1998—2020年襄阳市流动人口年均增长速度为2.23%,2020—2022年襄阳本地人口流出速度变缓,总量规模稍有减少(见图5-3)。

表5-1 襄阳市户籍人口与常住人口比较(1998—2022年)　　　　单位:万人

年　份	户籍人口	常住人口	流动人口(两者之差)
1998	571.60	533.80	37.80
1999	577.00	534.30	42.70
2000	572.60	535.00	37.60
2001	576.00	539.00	37.00
2002	577.40	540.80	36.60
2003	578.50	542.60	35.90
2004	578.80	543.60	35.20
2005	577.20	546.20	31.00
2006	578.80	543.60	35.20

续表

年　份	户籍人口	常住人口	流动人口（两者之差）
2007	582.00	542.50	39.50
2008	584.38	543.70	40.68
2009	588.88	544.61	44.27
2010	591.07	550.03	41.04
2011	593.59	552.72	40.87
2012	594.00	555.14	38.86
2013	595.10	559.12	35.98
2014	595.45	560.02	35.43
2015	591.58	561.40	30.18
2016	594.25	563.90	30.35
2017	592.0	565.4	26.60
2018	592.4	566.9	25.50
2019	589.8	568.0	21.80
2020	588.9	526.1	62.80
2021	586.7	527.1	59.60
2022	585.43	527.6	57.83

资料来源：整理自"襄阳市 2020 年第七次全国人口普查资料"；2021 年、2022 年襄阳市国民经济和社会发展统计公报。

四、城镇化水平不断提高，在全省排位靠前

2022 年襄阳市常住人口城镇化率为 63.2%，与 2020 年第七次人口普查相比，城镇人口比重（61.66%）上升了 1.54 个百分点。这也表明 2000 年以来随着襄阳市经济社会的快速发展，城市和城镇的集聚辐射能力不断增强，极大地促进了城镇化水平的提高。尤其是近 20 年，襄阳城镇化水平由 2000 年的 43.09% 提高到 2010 年的 50.04%；2010 年城镇人口首次超过乡村人口，城镇化水平达

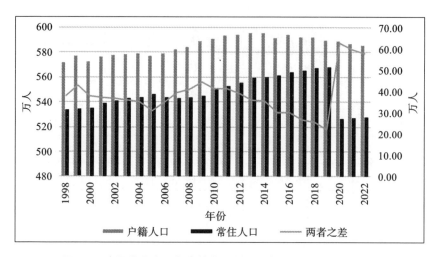

图 5-3 襄阳常住人口与户籍人口数量比较图(1998—2022 年)

资料来源:整理自"襄阳市 2020 年第七次全国人口普查资料";2021 年、2022 年襄阳市国民经济和社会发展统计公报。

到 50.04%。但由于 2020 年以后襄阳城镇化进程放缓,城镇人口比重上升空间有限,2022 年襄阳城镇化水平低于全省平均水平(64.67)1.47 个百分点,2022 年在全省 11 个主要地市州中,襄阳的城镇化水平处于第三位,低于武汉、宜昌(见图 5-4)。

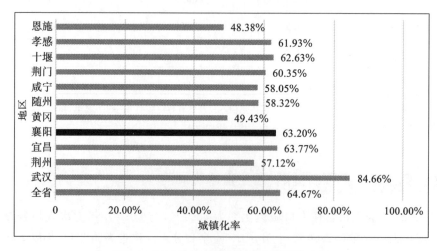

图 5-4 2022 年湖北省主要城市城镇化水平

资料来源:根据 2022 年湖北省及各地区国民经济和社会发展统计公报整理。

五、老龄化趋势进一步加深,人口负担系数不断增大

由于人口寿命延长和生育率下降的影响,老年人口数量和比重都在不断上升。第七次全国人口普查快速汇总数据显示,襄阳市自20世纪80年末进入老龄化社会(国际上通常把60岁以上人口占总人口比重达到10%,或65岁以上人口占总人口比重达到7%作为国家或地区进入老龄化社会的标准),21世纪以来人口老龄化程度呈持续加重之势。2020年襄阳常住人口中,0—14岁的人口为917232人,占总人口的17.43%;15—64岁的人口为3560364人,占总人口的67.68%;65岁及以上的人口为783355人,占总人口的14.89%。同2010年第六次全国人口普查相比,0—14岁人口的比重上升了2.43个百分点,15—64岁人口的比重降低了8.83个百分点,65岁及以上人口的比重上升了6.4个百分点。

老龄化程度的提高,将使劳动力人口的社会负担系数增大。2020年襄阳市常住人口总抚养比为47.76%,其中老年抚养比为22%,比2010年上升10个百分点。

六、人口年龄金字塔向老年型(收缩型)转化

人口金字塔是用类似古埃及金字塔的形象描绘人口年龄和性别分布状况的图形,它能表明人口现状及其发展类型。

人口金字塔的画法:按男女人口年龄自然顺序自下而上在纵轴左右画成并列的横条柱,各条柱代表各个年龄组。底端标有按一定计算单位或百分比表示的人口数量。

人口金字塔可概括为三种类型:

(1)年轻型(扩张型)。年轻人口组比重较大,从最低年龄组到最高年龄组依次逐渐缩小,塔形下宽上尖。

(2)成年型(稳定型)。除最老年龄组外,其余各年龄组大致相差不多,扩大或缩小均不明显,塔形较直。

(3)老年型(收缩型)。年轻人口组有规则地逐渐缩小,中年以上各组比重较大,塔形下窄上宽。

根据襄阳市2020年人口普查时分性别年龄的人口数据资料(见表5-2),可以得出襄阳市2020年人口普查人口分性别年龄金字塔(见图5-5)。从襄阳市人

口年龄金字塔,不难看出:到 2020 年襄阳市人口年龄结构将进一步向老年型(或缩减型)金字塔即"纺锤型金字塔"转化。少年儿童系数的下降,主要是由于生育水平的持续下降。随着老年人口的增加和人口出生率的总体下降趋势,人口老化的速度将会越来越快,按照如此速度发展,未来襄阳人口老龄化问题将更加严重。

表 5-2 2020 年襄阳分年龄性别的人口比例

年龄组段/(岁)	男/(%)	女/(%)
0	0.367	0.338
1—4	2.273	2.051
5—9	3.245	2.861
10—14	3.152	2.770
15—19	2.751	2.528
20—24	1.762	1.786
25—29	2.783	2.894
30—34	4.535	4.528
35—39	3.632	3.448
40—44	3.438	3.257
45—49	4.112	3.990
50—54	4.715	4.679
55—59	4.315	4.337
60—64	2.791	2.813
65—69	2.859	2.899
70—74	1.819	1.919
75—79	1.062	1.204

续表

年龄组段/(岁)	男/(%)	女/(%)
80—84	0.562	0.685
85—89	0.249	0.368
90—94	0.065	0.106
95—99	0.013	0.028
100岁及以上	0.003	0.006

资料来源：根据襄阳市2020年第七次全国人口普查资料，以及襄阳市人口普查办公室、襄阳市统计局相关资料，于2021年整理而得。

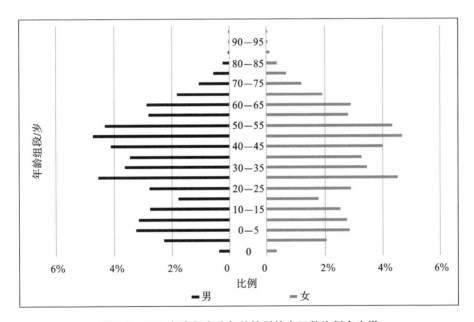

图 5-5　2020 年襄阳市分年龄性别的人口数比例金字塔

2020年，襄阳市常住人口中60岁以上人口、65岁及以上人口分别达到108.9万人和78.33万人（见图5-6），分别比"六普"增加36.88万人和31.61万人，分别增长51.07％、67.66％，60岁及以上人口比重达到20.7％，比全国（18.7％）、全省（20.42％）分别高出2个、0.28个百分点。2020年襄阳市65岁以上人口比重在全省处于中等水平（见表5-3和图5-7）。

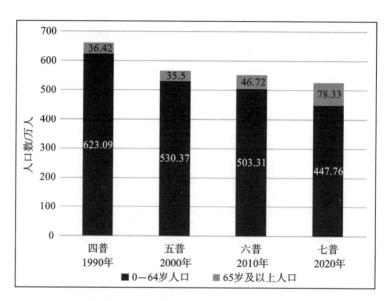

图 5-6 襄阳市人口老龄化程度图(四普、五普、六普、七普)

表 5-3 2020 年湖北省主要城市 65 岁及以上人口情况

城　市	人口数/万人	所占比重/(%)	城　市	人口数/万人	所占比重/(%)
湖北省	842.43	14.59	随州	29.96	14.63
襄阳	78.33	14.89	咸宁	33.02	12.42
武汉	145.62	11.81	荆门	42.96	16.16
荆州	86.65	16.56	十堰	45.20	14.08
宜昌	72.02	17.93	孝感	64.42	15.09
黄冈	91.85	15.61	恩施	54.40	15.74

资料来源:根据 2020 年湖北省各地市州人普查结果,以及湖北省各市州统计局相关数据于 2021 年整理而得。

七、人口素质不断提升,但总体水平仍然有待提高

第七次全国人口普查结果显示,襄阳市人口文化素质有了显著提高。2020 年襄阳市的受教育水平与 2010 年相比,每 10 万人中拥有大学文化程度的由 6570 人增加为 10769 人,增长了 63.91%;拥有高中文化程度的由 15929 人增加

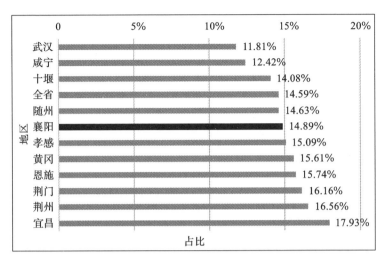

图 5-7　2020 年湖北省 65 岁及以上人口所占比重图

为 16868 人,增长了 5.89%;拥有初中文化程度的由 44103 人减少为 38249 人,下降了 13.27%;拥有小学文化程度的由 22268 人增加为 24932 人,增长了 11.96%。15 岁及以上人口的平均受教育年限由 9.07 年上升至 9.62 年,具有大学文化程度的人口增幅较大(见图 5-8)。文盲率(15 岁及以上不识字人口占总人口的比重)由第六次全国人口普查时的 3.79% 下降为"七普"时的 2.12%,下降了 1.67%。

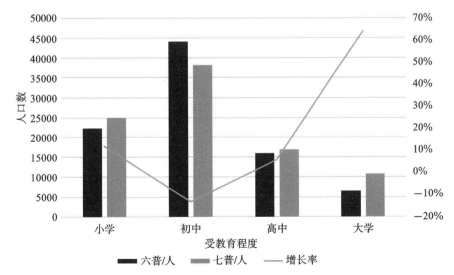

图 5-8　2010—2020 年襄阳市每 10 万人口中受教育程度比较

但从全省范围看,襄阳市人口整体文化素质偏低,低于湖北省平均水平。其中,每 10 万常住人口中大学(大专及以上)人口仅 10769 人,位于全省第七位,低于武汉(33867 人)、宜昌(15077 人)、鄂州(13815 人)、荆门(12935 人)、黄石(12241 人)、十堰(12174 人)的水平(见表 5-4、图 5-9),与襄阳的省域副中心城市、中部地区重点城市和汉江流域中心城市的地位不相匹配。15 岁及以上人口的平均受教育年限比全省低 0.4 年(见图 5-10)。常住人口文盲人数即 15 岁及以上不识字人口的数量,在襄阳市常住人口中,文盲人数为 111494 人,文盲率为 2.12%,低于全国文盲率 2.67%。

表 5-4 "七普"湖北省主要城市受教育程度情况

地 区	大学(大专及以上)	高中(含中专)	初 中	小 学
武汉	33867	19690	25342	13649
全省	15502	17428	34280	23520
宜昌	15077	22856	33237	22623
鄂州	13815	18376	34078	23945
荆门	12935	24492	35862	20477
黄石	12241	15470	34847	25336
十堰	12174	15919	32750	29152
襄阳	**10769**	**16868**	**38249**	**24932**
荆州	10225	15098	38278	27171
恩施	9241	15906	36118	30053
咸宁	9145	16764	37544	25407
黄冈	8585	14002	35558	29165
孝感	8262	13931	40779	26607
随州	8185	19273	38569	23259

注:表中数据为每 10 万人中的人数。
资料来源:根据 2021 年湖北省统计年鉴,以及湖北统计年鉴委员会相关数据于 2021 年整理而得。

第五章 襄阳人口变动特征与趋势研究 | 79

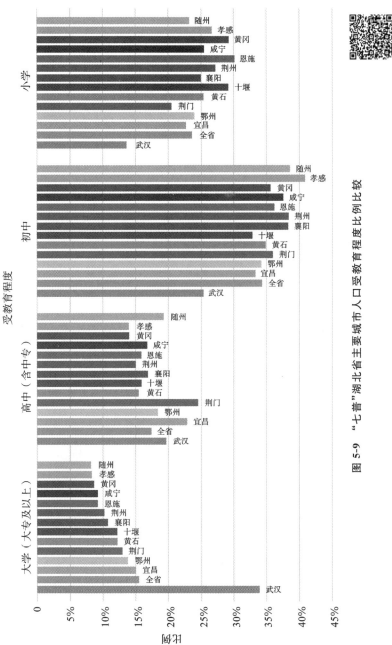

图 5-9 "七普"湖北省主要城市人口受教育程度比例比较

扫码看彩图

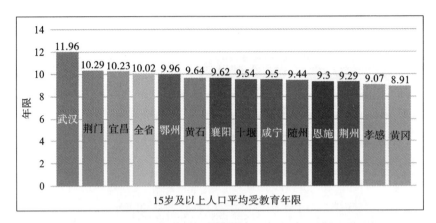

图 5-10 "七普"湖北省主要城市 15 岁及以上人口的平均受教育年限比较

八、从业人员大幅增加,就业结构明显优化

根据第七次全国人口普查 10% 长表抽样调查汇总结果,十年间襄阳市三次产业就业结构明显优化(见图 5-11),呈现出以下特点:

一是人口的产业从业结构明显优化。襄阳市第一产业的从业人员比重呈下降趋势,且下降幅度较大。从 2010—2020 年,第一产业从业人员由 49.47% 下降到了 28.65%;第二产业从业人员由 20.75% 提高至 24.91%;第三产业从业

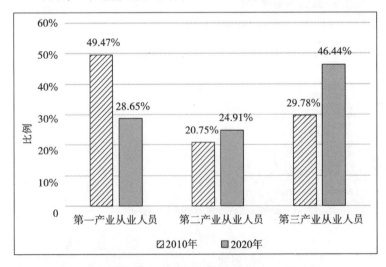

图 5-11 襄阳市人口就业结构演变(2010 年、2020 年)

人员由29.78%增加到46.44%。2020年,第二、第三产业从业人员比重之和超过了70%,意味着襄阳市从事非农产业的人员占比较多,就业结构明显逐渐优化。

二是第三产业就业人员素质较高。从受教育程度看,第一、第二产业就业人员主要以小学到高中段教育为主,分别占90.2%和92.6%;而第三产业就业人员相对受教育程度最高,大专及以上学历人员占28.6%。

九、襄阳人口高密度区主要分布在主城区

人口空间分布状况是指一定时间内人口群体在地理空间中的分布、集散及组合情况,是重要的人口现象和社会经济现象。它受社会生产方式和经济发展水平的制约,生产力的发展往往伴随着人口地域分布的变化。近年来,襄阳市人口空间分布主要呈现以下特点:

一是中心城区人口聚集效应显著。襄阳市常住人口向中心市区加速集聚,从人口空间分布情况来看,常住人口向着樊城区、襄城区两个主城区聚集。与2010年相比,2020年也仅有樊城区、襄城区常住人口增加,分别增加128602人、2409人。其中,枣阳市常住人口减少115947人,南漳县人口减少速度最高,达到14.61%。中心城区(襄城区、樊城区、襄州区)仅有襄州区人口数量小幅降低(见图5-12),中心城区的人口聚集效应明显。而其他县市常住人口均属于人口净流出地区,给本地经济带来了极大的挑战。近年来襄阳市内两个城市新区——高新区、东津新区由于产业快速发展的带动作用,人口集聚效应日益凸显。樊城区辖区内高新区常住人口由2010年的16.11万人增加到2020年的30.46万人,十年增加了14.35万人,增长89.03%,增幅位居全市第一;襄州区辖区内东津新区由2010年的9.58万人增加到12.73万人,十年增加了3.15万人,增长32.88%。

二是人口密度呈现"东密西疏"。襄阳市东西部的人口密度空间分布差异明显,人口密度呈现出"东密西疏"的状态。在襄阳东部的枣阳市、老河口市以及襄阳主城三区人口密度较高。从人口分布密度上看,2020年襄阳市区的人口密度为每平方公里267人。常住人口密度最高的三个区为樊城区(1691人/平方公里)、襄城区(741人/平方公里)和老河口市(399人/平方公里)。其中,人口密度最高的樊城区是人口最为稠密的地区,人口密度高达1691人/平方公里,是全市同期指标的6.3倍。2010—2020年,襄阳市整体人口密度变化不大,除樊城区、襄城区以外,其他各县市区的人口密度均呈下降态势(见图5-13)。

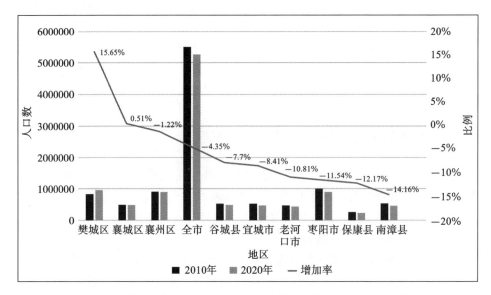

图 5-12　襄阳市各县市区人口空间分布情况比较(2010 年、2020 年)

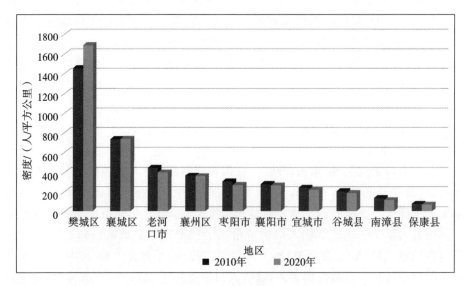

图 5-13　襄阳市各县市区人口密度情况比较(2010 年、2020 年)

三是区域城镇化水平间趋异。受地区经济发展水平的影响,所辖范围内各县市区城镇化率存在较大差异,城镇化率高于襄阳市平均水平的只有樊城区和襄城区,其他县市区均低于全市平均水平。2020 年保康县城镇化率仅为 45.68%,为全市最低,与城镇化率最高的樊城区相差 38.22%(见图 5-14)。

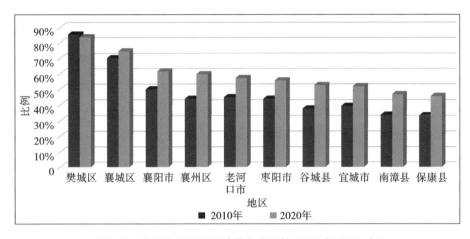

图 5-14　襄阳市各县市区城镇化率比较(2010 年、2020 年)

第三节　襄阳市以及三类主体功能区人口数量预测

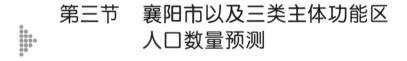

一、基于灰色预测系统模型的常住人口数量预测

以 2015—2021 年襄阳市三区(樊城区、襄城区、襄州区)、三市(枣阳市、宜城市、老河口市)、三县(南漳县、谷城县、保康县)常住人口数量为样本建模,基本属于华中科技大学邓聚龙教授所指出的"小样本、贫信息"问题的系统建模,较适合采用灰色系统数列预测模型加以分析。

由于 2020 年"七普"以后,襄阳市常住人口数量较往年发生了较大的变化,因此采用插值法对襄阳市 2018 年、2019 年常住人口数据进行处理,再以处理后的 2018 年、2019 年常住人口数据和 2020 年、2021 年实际常住人口数据为样板建模,预测 2022 年襄阳常住人口数量,并验证与 2022 年实际常住人口数量的误差。2018—2022 年样本数据为：
$$X^{(0)} = (514.86, 520.54, 526.1, 527.1)$$

运用 GM main 软件可得
$$\hat{a} = \begin{bmatrix} -0.003357 \\ 521.195426 \end{bmatrix}$$

GM(1,1)模型的白化方程为：
$$\frac{dx^{(1)}}{dt} - 0.000123 X^{(1)} = 525.34$$

时间响应函数为：
$$\hat{X}^{(1)}(k+1) = 155798.57 e^{0.03357} - 155277.51$$
$$\hat{X}^{(0)}(k+1) = \hat{X}^{(1)}(k+1) - \hat{X}^{(1)}(k)$$

平均相对误差为 0.0064＜0.01，因此相对误差检验精度为一级。

灰色绝对关联度为 1.5920＞0.90，因此关联度检验精度为一级。

模拟发展系数 $-a=0.0044<0.3$，因此新信息模型模拟精度高。

邓聚龙认为，随着发展系数的增大，模拟误差迅速增加。当发展系数小于或等于 0.3 时，模拟精度可以达到 98%以上；发展系数小于或等于 0.5 时，模拟精度可以达到 95%以上；发展系数大于 1，模拟精度低于 70%，发展系数大于 1.5，模拟精度低于 50%。

因此，本模型可用于襄阳以及所属三县、三市、三区未来中期或长期的常住人口数量预测，再根据 GM(1,1)模型预测 2022 年襄阳常住人口数量为 529.13 万人，2022 年实际常住人口数量为 527.6 万人，预测精度范围都在 99.7%以内。这里也就可以将 2022 年襄阳实际常住人口数量引入 GM(1,1)模型中，建立新信息模型。

2018—2022 年襄阳常住人口数量的样本数据为：
$$X^{(0)} = (521.06, 523.57, 526.10, 527.10, 527.60)$$

同样的方法可算出
$$\hat{a} = \begin{bmatrix} -0.003356 \\ 521.198799 \end{bmatrix}$$

平均相对误差为 0.000987＜0.01，因此相对误差检验精度为一级。

灰色绝对关联度为 0.995＞0.90，因此关联度检验精度为一级。

模拟发展系数 $-a=0.0037<0.3$，因此新信息模型模拟精度高。

同理，采用插值法对襄阳市各县市区 2018 年、2019 年常住人口数据进行处理，并进一步输入 13 步的预测，可以预测至 2035 年的襄阳常住人口数量（见表 5-5，其中枣阳、宜城、老河口、谷城为农产品主产区、襄州为重点开发区）。

表 5-5　襄阳三类主体功能区常住人口数量预测(2023—2035 年)　　(单位:万人)

年份	襄阳	农产品主产区				生态功能区		重点开发区		
		枣阳	宜城	老河口	谷城	南漳	保康	襄城	樊城	襄州
2018	521.06	87.89	46.72	41.82	47.84	44.98	21.91	46.24	94.58	89.08
2019	523.57	88.19	46.91	42.02	48.20	45.30	22.17	46.78	94.79	89.21
2020	526.10	88.88	46.94	42.05	48.33	45.57	22.36	47.56	95.01	89.39
2021	527.10	88.90	46.9	42.1	48.3	45.5	22.3	47.6	95.1	90.4
2022	527.60	88.90	46.9	42.11	48.5	45.49	22.29	47.65	95.44	90.32
2023	529.38	89.26	46.90	42.15	48.55	45.59	22.35	48.06	95.60	90.92
2024	530.71	89.47	46.90	42.18	48.64	45.64	22.39	48.33	95.80	91.36
2025	532.05	89.69	46.90	42.21	48.73	45.69	22.42	48.60	96.01	91.80
2026	533.37	89.91	46.87	42.25	48.81	45.74	22.46	48.87	96.21	92.25
2027	534.70	90.12	46.87	42.28	48.90	45.79	22.48	49.15	96.42	92.69
2028	536.04	90.34	46.86	42.31	48.99	45.84	22.51	49.42	96.63	93.14
2029	537.38	90.56	46.85	42.34	49.08	45.89	22.54	49.70	96.83	93.59
2030	538.75	90.78	46.85	42.38	49.17	45.94	22.57	49.97	97.04	94.05
2031	540.09	91.00	46.84	42.41	49.25	45.99	22.60	50.25	97.25	94.50
2032	541.45	91.22	46.83	42.44	49.34	46.04	22.63	50.53	97.46	94.96
2033	542.83	91.44	46.83	42.47	49.43	46.09	22.66	50.82	97.67	95.42
2034	544.19	91.66	46.82	42.50	49.52	46.14	22.69	51.10	97.88	95.88
2035	545.58	91.89	46.81	42.54	49.61	46.19	22.72	51.39	98.09	96.34

注:2023—2035 年数据为预测值。根据地理位置从属关系,将高新区列入樊城区,东津新区列入襄州区。

资料来源:根据 2019—2021 年襄阳统计年鉴相关资料,襄阳市统计局,2012—2018 年以及 2022 年襄阳市国民经济和社会发展统计公报整理而得。

二、襄阳市以及三类主体功能区人口规模预测小结

本研究采用的襄阳市常住人口指标数据的起始年份是 2018 年,其后的 2019—2022 年数据是襄阳常住人口数量时间序列中较为稳定增长的时间段。预计到 2025 年,襄阳市常住人口数量将达到 532.05 万,农产品主产区常住人口数量为 227.53 万人,占比为 42.76%;其中枣阳、宜城、老河口、谷城常住人口数量分别为 89.69 万人、46.90 万人、42.21 万人、48.73 万人(见图 5-15);生态功能区常住人口数量为 68.11 万,占比 12.81%,其中南漳 45.69 万人、保康 22.42 万人(见图 5-16);重点开发区常住人口数量是 236.41 万人,占比 44.43%,其中襄城 48.60 万、樊城 96.01 万、襄州 91.8 万(见图 5-17)。按照《襄阳都市圈发展规划》提出的发展目标:"聚焦做强产业、做大城市、做优环境、做多人口,力争到 2025 年,中心城区人口达到 190 万,到 2035 年,中心城区建设成 300 平方公里、300 万人口(其中常住人口 260 万人)的现代都市。"到 2025 年,襄阳市中心城区(樊城、襄城、襄州)常住人口预测值为 236.41 万人,占比为 44.43%;到 2035 年,襄阳市中心城区常住人口预测值为 245.82 万人,占比为 45.06%。

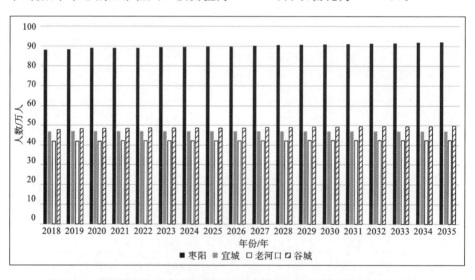

图 5-15 襄阳市农产品主产区常住人口数量比例变动情况(2018—2035 年)

就现阶段襄阳市中心城区人口的发展速度来看,到 2025 年襄阳市中心城区(不含高新区、东津新区、鱼梁洲)建成区常住人口达到 190 万的目标应该能够顺利完成,而到 2035 年襄阳市中心城区(不含高新区、东津新区、鱼梁洲)常住人口

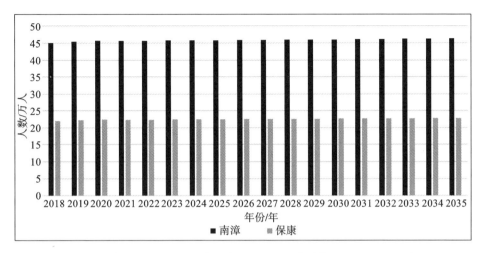

图 5-16　襄阳市生态功能区常住人口数量比例变动情况（2018—2035 年）

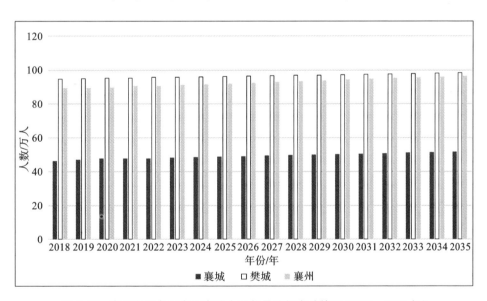

图 5-17　襄阳市重点开发区常住人口数量比例变动情况（2018—2035 年）

达到 300 万的目标较难完成，中心城区人口占比较低，人口集聚功能尚未充分发挥。2022 年全国经济规模过 5000 亿的城市中，除襄阳、宜昌外常住人口全部超过 700 万人，而且正如前文所述从"七普"和"六普"的数据来看，襄阳市域常住人口和户籍人口呈"双减少"趋势。对于非沿海、非省会的襄阳来说，如果不采取更为积极有效的措施，襄阳将无法完成未来发展目标。除去常规人口的自然增长外,市域内人口城镇化迁居和外来人口是中心城区人口集聚的主要来源。因此,要以适宜人居、适宜创业为建设目标,通过制定相关政策,以及产业转型升级、优质教育建设、人才引进、保障性租赁住房配置等方式多措并举增加人口,按照宜居、韧性、智慧的要求,推进中心城区建设,提升公共服务能级。明确各主体功能区的功能分工,实现功能差异化,强化区域性服务功能,提升人口和产业承载能力,吸引农产品功能区、生态功能区人口向襄阳中心城区集聚。基于不同主体功能区的人口变动与经济社会协调发展思路与策略将在第七部分详细阐述。

Chapter

第六章　襄阳市人口与经济发展的实证研究

第一节　襄阳市人口与经济发展互动关系定量分析

一、人口与经济发展指标体系的建立

为了分析襄阳市人口与经济发展互动关系，有必要明确襄阳市人口与经济发展的衡量指标。对于人口数据指标，一般采用的是区域常住人口，即实际经常居住在某地区一定时间（半年以上、含半年）的人口。而经济发展水平则采用GDP指标来衡量。取GDP和常住人口数量的自然对数，剔除时间序列中可能存在的异方差，另根据"襄樊经济发展1949—2009年""襄阳统计年鉴2010—2022年"、襄阳市2022年国民经济和社会发展统计公报中的历年生产总值指数对GDP进行价格平减处理。为了避免因为1978年前后经济政策变化造成人口和经济发展指标的巨大波动，本部分采用数据的时间跨度是1978—2022年，用lnpop表示城镇化率的自然对数形式，lnGDP表示GDP的自然对数形式。数据来源依然是"襄樊经济发展1949—2009年""襄阳统计年鉴2010—2022年"、襄阳市2022年国民经济和社会发展统计公报。

二、人口与经济发展指标的相关性分析

表6-1和图6-1表示1978—2022年襄阳人口与GDP水平的相关关系，襄阳人口与经济发展的相关系数（弹性系数）为0.9487，可以看出襄阳人口与GDP水平有强正相关关系。

表6-1　襄阳人口与经济发展的相关系数

	lnpop	lnGDP
lnpop	1.00000	0.948727
lnGDP	0.948727	1.00000

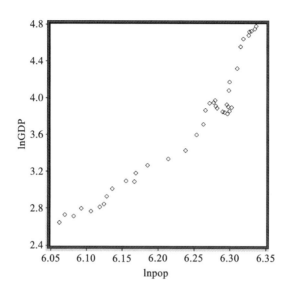

图 6-1　1978—2022 年襄阳人口与 GDP 水平的散点图

三、平稳性检验

李子奈教授曾指出：一些非平稳的经济时间序列往往表现出共同的变化趋势，而这些序列间本身不一定有直接的关联，此时，对这些数据进行回归，尽管有较高的 R 平方，但其结果是没有任何实际意义的，这种情况称为虚假回归或伪回归(spurious regression)。为了防止出现时间序列数据中的虚假回归问题，确保估计结果的有效性，先对襄阳人口与 GDP 序列进行单位根平稳性检验。

从表 6-2 中可以得到，在置信水平为 1% 时，序列 lnpop 和 lnGDP 皆为不平稳，但两序列都是一阶差分平稳的，即 lnpop～I(1)，lnGDP～I(1)。二者具有相同的单整阶数，根据协整理论，襄阳人口和 GDP 水平可能存在长期的均衡关系。

表 6-2　变量的平稳性检验结果

变量	检验形式(C,T,K)	ADF 统计值	5%显著性水平	1%显著性水平	结论
lnpop	(C,1,0)	−2.401339	−3.568379	−4.296729	不平稳
Δlnpop	(C,0,0)	−5.935045	−2.967767	−3.679322	平稳***
lnGDP	(C,1,1)	−3.363842	−3.574244	−4.309824	不平稳

续表

变量	检验形式(C,T,K)	ADF 统计值	5%显著性水平	1%显著性水平	结论
ΔlnGDP	(C,0,0)	−3.370523	−2.967767	−3.679322	平稳**

注:(1)检验形式中的 C、T 分别表示单位根检验方程中常数项和时间趋势项,K 表示滞后阶数(滞后阶数由 AIC 和 SC 准则确定)。(2)当 ADF 值大于临界值时,说明序列不平稳,**、*** 分别表示 5%和 1%显著性水平。(3)Δ 表示对变量进行一阶差分。

四、协整检验

协整检验根据检验对象可分为基于模型回归系数的协整检验(Johansen 协整检验)和基于模型回归残差的协整检验(Engle and Granger 两步法)。这里讨论的是后一种检验方法,其协整检验的思想是对回归方程的残差进行单位根检验,若残差序列是平稳序列,则表明方程的因变量和解释变量之间存在协整关系,否则不存在协整关系。

对襄阳人口和 GDP 水平指标建立回归模型,并拟合得到如下方程:

$$\text{lnpop} = 0.426986^* \text{lnGDP} + 0.309852$$
$$(23.08110)(2.719906)$$

$R^2 = 0.948374$ S. E. of regression$=0.065165$ F-statistic$=532.7372$

括号中的数字表示参数估计值对应的 t 统计量。

再对模型估计结果生成的残差序列进行 ADF 检验,可得到如表 6-3 所示检验结果。

表 6-3 残差序列的单位根检验结果

变 量	ADF 检验值	检验形式(C,T,K)	显著水平下的检验结果		
			1%	5%	10%
残差	−3.934109	(0,0,2)	−2.650145	−1.953381	−1.609798

从表 6-3 可以看出,残差单位为根检验的 t 统计量等于−3.934,其相应的概率值 $P=0.0003$,小于 1%的检验水平,因此可以拒绝残差序列存在单位根的原假设,即可以认为残差序列是平稳的。据协整关系的定义,可认为序列 lnpop 和序列 lnGDP 之间存在协整关系,且协整向量为(1,0.426986)。随着襄阳 GDP 提高 1%,相应地人口数量会增加 0.426986%。

五、误差修正模型估计

为了考察襄阳市人口与经济发展水平之间的动态关系,需要借助误差修正模型来进行分析。误差修正模型能够解释因变量的短期变动,短期变动受两方面的影响:一是受自变量短期波动的影响;另一方面是受误差修正项的影响,即受变量之间在短期波动中偏离其长期均衡关系的影响。

襄阳市人口与经济发展的误差修正模型为:

$$\Delta \ln pop = 0.012914 + 0.248970 * \Delta \ln GDP - 0.333756 ecm(-1) + \varepsilon_t$$

其中,$ecm(-1)$表示误差修正项,ε_t为模型的残差项。F-statistic=4.146014,表明模型估计整体上是显著的。

$\Delta \ln GDP$ 的系数估计值为 0.248970,可以解释为襄阳市人口水平对经济发展指标变化的短期弹性,即 GDP 上升 1%,那么在短期内人口水平将增加 0.2489% 左右,约为长期经济发展指标弹性 0.426986% 的一半。误差修正项 $ecm(-1)$ 的系数估计值在 5% 的检验水平下是显著的,该系数反映了对人口水平偏离长期均衡关系的调整力度,其绝对值越大,则将非均衡状态恢复到均衡的速度也就越快。特别是如果误差修正项 $ecm(-1)$ 的系数估计值为 0,则表明 $\Delta \ln pop$ 对 $\Delta \ln GDP$ 的变化在同一时期就立即进行调整。

利用所估计的误差修正模型,可以对襄阳市人口的短期变动进行分析。人口的短期变动分为两部分:一部分是由于短期经济发展水平变动的影响;另外一部分是由于前一期人口水平偏离长期均衡关系(即 $ecm(-1)$)的影响。假如前一期人口水平没有偏离长期均衡关系,即 $ecm(-1)=0$,那么当期人口水平变动则全部来自于当期经济发展指标变动的影响。假如前一期人口水平偏离了长期均衡关系,即 $ecm(-1) \neq 0$,则为了维持人口和经济发展水平的长期均衡关系,当期经济发展水平将以 -0.333756 的速度(误差修正项的系数估计值)对前一期人口与经济发展水平之间的非均衡状态进行调整,将其拉回到长期均衡状态。如果前期过度追求人口数量的高速度,那么本期人口数量将应该有所减少。

六、Granger 因果关系检验

因果关系检验由美国经济学家 Granger[1] 于 1969 年提出,后经亨德里

---

[1] Granger C W J. Prediction with a Generalized Cost of Error Function[J]. Journal of the Operational Research Society,1969,20:199-207.

(Hendry)和理查德(Richard)进一步研究发展而成。这种方法为从统计角度确定变量间的因果关系提供了一种实用分析工具。Granger 因果关系检验不是检验逻辑上的因果关系,而是看变量间的先后顺序,是否存在一个变量的前期信息会影响到另一个变量的当期。

为了明确襄阳市人口与经济发展之间的 Granger 因果关系及滞后时间长度的不同造成各异的结果,有必要建立襄阳市人口水平与 GDP 之间的 Granger 检验模型,检验结果如表 6-4 所示。

表 6-4　襄阳市人口与经济发展之间的格兰杰因果关系检验(1978—2022 年)

原　假　设	滞后期	F 统计值	P 值	结　论
LNGDPP does not Granger Cause LNURB	1	2.85612	0.1025	不存在
LNURB does not Granger Cause LNGDPP	1	0.54671	0.4660	不存在
LNGDPP does not Granger Cause LNURB	2	2.05040	0.1506	不存在
LNURB does not Granger Cause LNGDPP	2	1.20932	0.3159	不存在
LNGDPP does not Granger Cause LNURB	3	2.61838	0.0777	存在*
LNURB does not Granger Cause LNGDPP	3	0.37764	0.7701	不存在
LNGDPP does not Granger Cause LNURB	4	1.78177	0.1765	不存在
LNURB does not Granger Cause LNGDPP	4	0.17259	0.9496	不存在
LNGDPP does not Granger Cause LNURB	5	1.73918	0.1864	不存在
LNURB does not Granger Cause LNGDPP	5	0.80157	0.5657	不存在
LNGDPP does not Granger Cause LNURB	6	3.36134	0.0351	存在**
LNURB does not Granger Cause LNGDPP	6	0.54495	0.7650	不存在
LNGDPP does not Granger Cause LNURB	7	3.96693	0.0296	存在**
LNURB does not Granger Cause LNGDPP	7	0.61555	0.7324	不存在
LNGDPP does not Granger Cause LNURB	8	7.09003	0.0140	存在**

说明:***、**和*分别表示 1%、5%和 10%的显著水平。

表 6-4 的检验结果表明,襄阳 GDP 指标是人口水平的 Granger 意义上的原因。在 10%的显著程度上,滞后 3 期 GDP 指标是人口水平的 Granger 意义上的原因;在 5%的显著程度上,滞后 6 期至 8 期 GDP 指标是人口水平的 Granger 意义上的原因。而且随着滞后期的延长,即在滞后 5 期以后,这种状态有逐渐强化的趋势。襄阳市经济发展水平的提高对促进本地区人口数量增长有着显著作

用,并且随着时间的演进,经济发展的前期信息会影响到本地区人口数量的当期信息。人口数量增加的重要动力即是经济要素向城市的聚集。这种人口与经济发展的关系主要是由于改革开放以来,襄阳市初始人口水平较低,工业化也处于起步阶段,人口数量具有水平低、潜力大的特点。经济发展带来的人口和收入的增长能够迅速产生区域需求,需求又将刺激本地区工业产品和服务投入的需求,从而引发产业结构的非农化,进一步使人口发生空间上的流动,最终导致大量农村剩余劳动力持续向城市聚集和人口水平的不断提高。

七、VAR 模型与脉冲响应函数分析

传统的联立方程组的结构性方法是用经济理论来建立变量之间关系的模型。但是,经济理论通常并不足以对变量之间的动态联系提供一个严密的说明。并且,内生变量既可以出现在等式的左端又可以出现在等式的右端,这使估计和推断更加复杂。Sims(1980)[1]提出了使用模型中的所有当期变量对所有变量的若干滞后变量进行回归,用于相关时间序列系统的预测和分析随机扰动对变量系统的动态影响,这是一种非结构化的多方程模型。它不带任何事先约束条件,将每个变量均视为内生变量,避开了结构建模方法中需要对系统中每个内生变量关于所有变量滞后值函数的建模问题,它突出的一个核心问题是"让数据自己说话"(Gujarati,1997)[2]。然而,VAR 模型也存在着自身的不足,其核心问题是模型结果很难用于结构分析,不能充分体现经济变量作用的双向和反馈关系;另一个问题是模型中的待估参数通常过多,只有所含变量较少的 VAR 才可以得到比较满意的估计结果。

因为前述部分已经得出 lnpop 和 lnGDP 序列皆为一阶差分平稳,即 lnpop~I(1),lnGDP~I(1),所以本节选取襄阳城市化率和人均 GDP 两变量的一阶单整序列 Dlnpop 和 DlnGDP 作为系统中所有内生变量的滞后项的函数来构建 VAR 模型,以此来衡量来自襄阳市人口与经济发展的 VAR 模型中某个内生变量的随机扰动冲击对 VAR 模型中所有内生变量当前值和未来取值的影响。

---

[1] Sims C A. Macroeconomics and Reality[J]. Econometrica:journal of the Econometric Society,1980:1-48.

[2] Shaha A R,Gujarati R. Thyroid Hemiagenesis[J]. Journal of surgical oncology,1997:137-140.

VAR 模型为：

$$\begin{bmatrix} \text{Dlnpop} \\ \text{DlnGDP} \end{bmatrix}_t = \begin{bmatrix} 0.042336 \\ 0.055051 \end{bmatrix} + \begin{bmatrix} -0.087046 & -0.094497 \\ -0.189361 & 0.690095 \end{bmatrix} \begin{bmatrix} \text{Dlnpop} \\ \text{DlnGDP} \end{bmatrix}_{t-1}$$

$$+ \begin{bmatrix} -0.021160 & -0.105320 \\ -0.037947 & 0.419898 \end{bmatrix} \begin{bmatrix} \text{Dlnpop} \\ \text{DlnGDP} \end{bmatrix}_{t-2} + \begin{bmatrix} \hat{\varepsilon}_0 \\ \hat{\varepsilon}_1 \end{bmatrix}$$

其中 $\begin{bmatrix} \hat{\varepsilon}_0 \\ \hat{\varepsilon}_1 \end{bmatrix}$ 为扰动项。

从 VAR 模型可以看出，当前 Dlnpop 受其自身滞后期的影响较显著，DlnGDP 的滞后期对当前 Dlnpop 的影响皆表现为负向作用。而当前 DlnGDP 主要受其自身一阶滞后项 DlnGDP(-1)和 Dlnpop 的二阶滞后项 Dlnpop(-2)影响较为显著。DlnGDP 的一阶滞后项 DlnGDP(-1)和二阶滞后项 DlnGDP(-2)对当前 Dlnpop 的作用是逐渐减弱的。对于 VAR 模型一般采用 AR 特征多项式的根的倒数图表法来检验其稳定性，检验结果如图 6-2 所示。

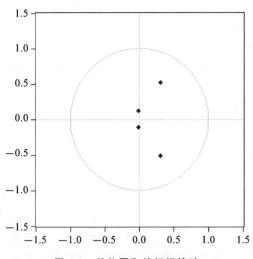

图 6-2　单位圆和特征根检验

图 6-2 中黑色的点表示 AR 特征多项式的根的倒数，可以看到这些点都位于单位圆之内，因此也表明所估计的襄阳市人口水平与经济发展 VAR 模型是稳定的。接下来，从残差的相关系数矩阵（见表 6-5）可以看到，Dlnpop 方程的残差与 DlnGDP 方程回归残差之间的相关系数为 0.358247，表明这两个方程的残差之间存在一定的相关。采用 Eviews11.0 软件中关于脉冲响应分析的默认设置，设定 20 期的脉冲响应追踪时期数，得到襄阳市人口水平与经济发展的脉冲

响应图。(见图 6-3~图 6-6)

表 6-5　襄阳市人口水平和经济发展 VAR 模型残差的相关系数矩阵

	Dlnpop	DlnGDP
Dlnpop	1	0.358247
DlnGDP	0.358247	1

图 6-3~图 6-6 的横轴表示时期数,纵轴表示脉冲响应函数值,虚线表示正负两倍的标准差偏离带(±2S.E)。因为 VAR 模型是平稳的,所以人口水平 Dlnpop 响应函数才趋于零。

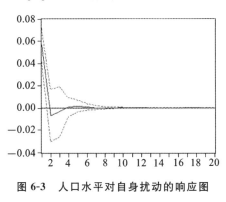

图 6-3　人口水平对自身扰动的响应图

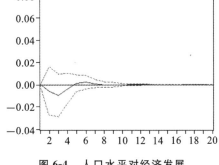

图 6-4　人口水平对经济发展扰动的响应图

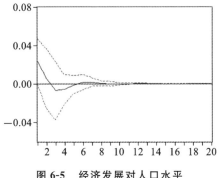

图 6-5　经济发展对人口水平扰动的响应图

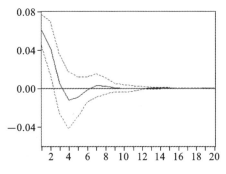

图 6-6　经济发展对自身扰动的响应图

图 6-3 反映的是人口水平 Dlnpop 对自身扰动的响应,可以看到 Dlnpop 对其自身一个标准差信息立即作出了响应,在第一期人口水平的这种响应为 0.056 左右,之后这种冲击对人口水平的影响迅速减小,到第二期这种响应减小到最小(大约为-0.005),随后又缓慢上升,在大约第六期后 Dlnurb 的变化趋于零。

图 6-4 反映的是人口水平 DlnPop 对经济发展 DlnGDP 的响应，人口水平对经济发展扰动在第一期的响应基本为零，之后经过第一期至第三期短暂的负向扰动达到最小（约为 -0.01），这种响应随即正向上扬，在第六期左右达到最大值（0.005 左右），人口水平对经济发展指标扰动的响应在第七期之后经过微弱的下降逐步稳定趋于零。

图 6-5 反映的是襄阳经济发展水平对人口水平扰动的响应，DlnGDP 对 Dlnpop 扰动立即做出了响应，第一期的响应大约为 0.025，在第三期达到最小（约为 -0.008），之后 DlnGDP 对 Dlnpop 扰动的响应有微小上升且为正向的，这种响应在第七期左右稳定地趋于零。

同理，图 6-6 反映的是经济发展水平 DlnGDP 对自身扰动的响应。DlnGDP 对来自自身的扰动立即做出了反应，其在第一期的响应大约为 0.058，在第二期 DlnGDP 对来自自身的扰动所作出的响应达到最大（0.06 左右）且为正向的，之后迅速减小，到第四期 DlnGDP 达到最小（-0.01），随后这种扰动缓慢上升，约在第七期达到最大（0.005），在第九期之后 DlnGDP 对来自自身的扰动所做出的响应稳定地趋于零。

综上所述，前八期内襄阳经济发展指标的外部冲击通过各种传导机制会给人口水平带来较为显著的影响，且基本为同向的影响，这种外部冲击在短期之内会迅速给人口水平带来正向效应，即短期经济的经济增长会导致人口水平的强烈波动。从长期的角度来看，八期之后襄阳经济发展指标与人口水平之间的响应程度会逐渐趋于收敛。而人口水平在短期对襄阳经济发展的外部扰动造成负向影响，长期中人口对经济发展有促进作用，但这种促进程度不大且有一定的滞后期。这和前面关于襄阳人口水平与经济发展之间 Granger 因果关系分析得到的结论基本一致。

第二节　襄阳市人口与经济协调发展的实证研究

立足于襄阳市现实情况，系统描述襄阳市人口变动与经济的发展状况，结合襄阳市第七次人口普查相关数据和相应的经济数据，应用统计学中主成分分析的方法，分别构建襄阳市人口子系统与经济子系统的指标体系，从而运用欧氏距离协调度模型对襄阳市各县市区的协调发展水平进行科学评估。

一、襄阳市人口变动与经济协调发展指标体系的构建

第一,指标体系的构建。

多指标综合评价方法就是首先对多个评价指标通过一定的方法进行信息综合、分析,从而得出评价结果。因此,评价结果的客观、准确与否,首先就取决于对被评价对象是否深入了解,选取的多个评价指标准确、全面程度的高低。所以,科学、合理地构建评价指标体系是综合评价方法得以成功运用的前提。从一般意义上来说,对一个事物或者问题进行综合评价分析选取指标时,应当遵循以下六个基本原则。

一是目的性原则。指标体系的构建必须服从于被评价对象的综合评价目的,并应当由代表评价对象总体各个组成要素或者部分的典型指标构成,尽可能地多方位、多角度地反映总体特征。

二是可操作性原则。选取指标的资料须是比较容易获取和收集,并可以加工计算的,要立足于普查资料,尽可能搜集专业的统计资料。而且指标的内容不要太烦琐和庞杂,否则会给评价工作带来不必要的麻烦。

三是科学性原则。科学性原则主要体现在理论和实践相结合,以及所采用的方法和手段科学,选取的指标要能通过观察、测评等方式客观、真实地对总体特征做出明确的定性或定量的分析。无论是指标数量、指标口径、计量单位,还是计算方法等都要遵守科学性原则。这是评价一个问题中不可缺少的根本性原则,只有坚持科学性原则,评价的结果才可信。

四是系统性原则。将总体分类必须用很多指标进行衡量,指标设置尽可能从不同侧面反映评价对象。要求指标之间联系紧密,互相制约,不相重复,不能互相替代。组成的指标体系,还要能进行分解反映每项指标对总体的影响程度。

五是综合性原则。选取的指标要素要考虑周全、统筹兼顾,对总体要进行多参数、多标准、多尺度、多方面的分析和衡量,从整体的联系出发,注重多要素的综合性分析。

六是可比性原则。指标体系中同一层次的指标必须按照相同的计量方法与统计口径进行设置,指标取值在选取过程中,同等情况下,采用相对值要比绝对值有一定的优势,因为采用相对值的指标不但可以如实反映实际情况,又能在一定程度上便于比较优劣。

根据前文中人口系统、经济系统的组成要素,确定相应的指标框架。在人口子系统与经济子系统指标框架的基础上,结合指标体系的构建原则以及数据的

可获得性,构建出襄阳市人口子系统、经济子系统的指标体系,如表6-6所示。

表6-6 襄阳市人口变动与经济协调发展的指标体系

人口子系统	经济子系统
总人口	人均GDP
性别比	最终消费
老年抚养比	重工业数目
净流动率	大中型企业产值所占比重
失业率	出口总额
文盲率	第三产业所占比重高
科技活动人员比重	批发和零售业、住宿和餐饮业所占比重
一般生育率	GDP年增幅
死亡率	—

第二,指标权重的确定。

在做数据分析处理时,较多的变量会带来分析问题的复杂性,而且这些变量之间常常存在着一定程度的、有时甚至是相当高的相关性,这就使得观测数据中的信息一定程度上有所重叠。主成分分析就是一种通过降维技术把多个变量化为少数几个主成分的统计分析方法。主成分分析的主要目的是用较少的变量去解释与原来资料中的大部分变量,将许多相关性很高的变量转化成彼此相互独立或不相关的变量。选出比原始变量个数少、能解释大部分资料中的变异的几个新变量,即主成分,这些主成分通常表示为原始变量经过某种方式的线性组合,并且可以根据其贡献率的大小确定指标的权重,是种较为科学、客观、合理的赋权方法。

本节具体数据来源:襄阳市第五、六、七次人口普查数据,以及历年襄阳市统计年鉴。

分别将人口系统、经济系统的指标体系数据输入到SPSS22.0软件中,依次选择降维—因子分析—主成分分析,提取公共因子,结果显示,变量间的相关系数的绝对值,大多数较大,单侧检验值较小,说明变量间的相关性比较显著。人口系统提取出3个公共因子即主成分,这3个主成分特征值都大于1,方差的累积贡献率达到85.62%,主成分分析结果比较良好;经济系统也提取出3个主成分,这3个主成分特征值同样都大于1,方差的累积贡献率达到86.67%,主成分分析结果比较良好,并分别用SPSS22.0软件提取出的成分矩阵列出,如表6-7、表6-8所示。

表 6-7 人口系统成分矩阵　　　　　　　　　单位：比例/(%)

	成分		
	1	2	3
失业率	0.716	0.207	0.359
老年抚养比	0.802	−0.322	0.308
文盲率	0.777	−0.015	−0.011
科技活动人员比重	−0.689	−0.450	0.350
一般生育率	−0.400	0.310	−0.733
死亡率	0.697	0.116	−0.624
净流动率	−0.652	0.453	0.342
总人口	−0.660	−0.441	−0.232
性别比	−0.161	0.871	0.258

表 6-8 经济系统成分矩阵

	成分		
	1	2	3
第三产业占 GDP 的比重	0.943	−0.255	0.102
批发和零售业、住宿和餐饮业占第三产业比重	0.875	−0.063	0.312
出口总额	0.715	0.022	−0.100
大中型企业产值所占比重	−0.672	0.594	0.374
最终消费	0.646	0.626	0.193
人均 GDP	−0.303	0.867	−0.171
重工业数目	0.532	0.824	0.127
GDP 年增幅	−0.338	−0.294	0.858

根据上述主成分分析的成分矩阵(见表 6-7、表 6-8)可以深入分析，得出主成分的深层次解释能力，进而得出人口子系统、经济子系统各自的发展决定因素。

一是人口子系统，从表 6-7 中可以看出：①在主成分 1 中，老年抚养比、文盲率、科技活动人员比重、失业率和净流动率的变量值较大，可以看作人口存量因子，且解释原变量的程度达到 41.855%，是起决定性作用的主导因子。②主成分 2 中，一般生育率、死亡率可以看作人口结构变动因素，且能解释原变量的 26.961%，成为重要影响因子。③主成份 3 中，总人口和性别比解释变量的程度为16.805%,作为次要因子。

二是经济子系统,从表6-8中可以看出:①在主成分1中,第三产业占GDP的比重、批发和零售业、住宿和餐饮业占第三产业比重、大中企业产值所占比重、出口总额占的比重的变量值最大,可以看作经济结构方面因子,且解释原变量的程度达到44.080%,是起决定性作用的主导因子。②主成分2中,人均GDP、重工业数目、最终消费可以看作经济水平方面因子,且能解释原变量的29.134%,成为重要影响因子。③主成份3中,GDP年增幅解释变量的程度为13.458%,作为次要因子。

根据主成分分析结果,构建襄阳市人口变动与经济发展的纠偏系统,确立框架。在上述深层分析的基础上,根据主成分分析得到的特征值、方差贡献率计算所提取的主成分的权重,其计算公式为:

$$\omega_i = \lambda_i \left(\sum_{i=1}^{3} \lambda_i \right)^{-1}$$

以上计算公式中:ω_i是主成分i的权重,λ_i是主成分i的特征根。在每个主成分中包含有若干个不同的具体指标,传统方法中将主成分的权重进行平均,从而得到各个不同指标的具体权重(当然在同一个主成分中,这样的具体指标权重值是相等的),这显然是不合理的,为此本节采取以下的公式对权重进行具体的分配,以便达到更为科学的效果。其计算公式为:

$$\omega_{ij} = \omega_i a_{ij}^2 \left(\sum_{j=1}^{n} a_{ij}^2 \right)^{-1}, \quad i=1,2,3; j=1,2,\cdots,n$$

式中:a_{ij}表示的是第i个主成分中第j个具体指标前的系数值。根据不同的分析目的,将研究对象分为如下的三个层次,即目标层、准则层、指标层,并根据贡献率给出具体的指标权重。基于主成分分析的结果,襄阳市人口子系统、经济子系统的具体指标体系及权重分别如表6-9、表6-10所示。

表6-9 人口子系统中指标权重的确定

目标层	人口子系统指标体系		
准则层	人口存量因素	人口结构变动因素	总体总量因素
指标层	老年抚养比(0.1320)	一般生育率(0.1271)	总人口数(0.0478)
	文盲率(0.1241)	死亡率(0.0922)	性别比(0.1867)
	科技活动人员比重(0.0976)	—	—
	失业率(0.1053)	—	—
	净流入率(0.0872)	—	—
权重	0.5462	0.2193	0.2345

表 6-10　经济子系统中指标权重的确定

目标层	经济子系统指标体系		
准则层	经济结构方面	经济水平方面	经济增长方面
指标层	第三产业占 GDP 比重(0.1727)	人均 GDP(0.1338)	年均增幅(0.1552)
	批发和零售业、住宿和餐饮业占第三产业比重(0.1487)	重工业数目(0.1254)	—
	大中型企业产值所占比重(0.0879)	最终消费(0.0721)	—
	出口占 GDP 的比重(0.0991)	—	—
权重	0.5086	0.3362	0.1552

二、襄阳市人口变动与经济协调发展模型的分析

第一,襄阳市人口变动与经济发展协调发展度的测算。

本节用协调发展度来衡量人口变动与经济发展的偏离程度。所谓协调性是两种或两种以上系统之间的一种良性的相互关系,发展性就是对系统目前所处态势下发展水平评价的一种综合描述,人口系统的发展性则是指人口系统当前态势下发展水平的综合描述,其测算方式是人口发展度。同理,经济系统发展性的测算方式便是经济发展度,人口与经济系统整体发展性的测算方式是综合发展度。人口与经济系统的协调性就是人口子系统与经济子系统间相互融合、相互和谐的关系,其测算方式是协调度;人口与经济系统的协调发展性则是指既包含该系统整体的发展性描述,也包含其整体的协调性评价,其测算方式是"协调发展度"。

根据前文中构建的人口子系统、经济子系统的指标体系,结合襄阳市人口变动和经济发展状况的相关资料,分别构建 9×9 的矩阵(人口子系统)、9×8 的矩阵(经济子系统)。由于指标体系中各项具体指标的量纲互不相同,所以首先借助 SPSS22.0 软件对各项指标数据做标准化处理,然后,采用线性加权模型计算得到 F_{J2022}、F_{R2022},为了便于直观比较,并使发展度在[0,1]区间内,这也保证了之后的协调度(C)、综合发展度(X)、协调发展度(H)计算结果均在[0,1]区间内,采用线性平移的方法,调整发展度,其具体公式为:

$$F_{R,t} = \frac{F_{Rt} + 2}{4}$$

$F_{R,t}$ 为调整后的人口子系统发展度,同理,$F_{J,t}$ 为经过同样变换的经济子系

统发展度,然后使用调整后的发展度数据计算得到 X_{2022},同理计算得到 C_{2022}、H_{2022}。根据《襄阳市国民经济和社会发展第十三个五年规划纲要》中关于主体功能区类型划分的内容,将襄阳市三县三市三区划分为三种不同类型,即重点开发区(樊城区、襄城区、襄州区)、农产品主产区(枣阳市、宜城市、老河口市、谷城县)、重点生态功能区(南漳县、保康县),结合襄阳市9个县市区调整后的协调度排序结果,最终得到表6-11。

表6-11 襄阳市人口变动与经济发展协调程度的评价结果

主体功能区类型	县市区	经济发展度 F_{J2022}	人口发展度 F_{R2022}	综合发展度 X_{2022}	协调度 C_{2022}	协调发展度 H_{2022}
重点开发区	樊城区	0.7614	0.5148	0.6381	0.7534	0.8847
	襄城区	0.3974	0.6803	0.5388	0.7171	0.8218
	襄州区	0.4248	0.5157	0.4702	0.9090	0.5612
农产品主产区	枣阳市	0.5418	0.3902	0.4660	0.8484	0.6176
	宜城市	0.4766	0.5255	0.5011	0.9511	0.5500
	老河口市	0.4978	0.4413	0.4695	0.9435	0.5260
	谷城县	0.5995	0.4970	0.5482	0.8975	0.6507
重点生态功能区	保康县	0.3793	0.4247	0.4020	0.9546	0.4474
	南漳县	0.5301	0.4979	0.5140	0.9677	0.5463

如表6-11所示,可以清晰地看到襄阳市各县市区的人口变动与经济发展、协调状况之间的关系。从综合发展度得分情况来看,襄阳市各县市区综合发展度得分各不相同,均分布在[0.4020,0.6381]区间范围内,且樊城区综合发展度最高,达到0.6381,保康县综合发展度最低,达到0.4020,其他县市区虽然各有差异,但从总体上来看,差异水平并不是特别大。需要特别说明的是,从某种意义上来讲,虽然综合发展度测算的是各县市区的综合发展水平,但仍然不应当忽视综合发展度的两个重要组成部分经济发展度、人口发展度,因为它们对计算综合发展度影响显著。因此,单从经济发展水平(经济发展度)角度来看,樊城区的经济发展度得分为0.7614,稳居襄阳各县市区经济发展水平之首;单从人口发展水平(人口发展度)角度来看,襄城区的人口发展度得分为0.6803,为襄阳各县市区人口发展水平排名之首。

按照表6-12的计算数据,从协调度得分情况来看,襄阳各县市区协调度得分值的范围为[0.7171,0.9677],可见,襄阳各县市区的协调性水平差异并不悬殊,协调度的大小直接反映了区域人口变动与经济发展之间的协同稳定作用,但是需要注意的是,南漳县的协调度得分为0.9677,仅仅只能说明协调程度或协调性较高,但这并不意味着它的人口与经济协调发展情况在襄阳是最好的,这有可能是人口发展度与经济发展度的较低水平,导致了"双低"的协调状态。同样,各县市区协调度得分差异不大,也不代表着各县市区之间的协调发展水平没有任何差别。因此,必须结合其综合发展度得分、协调度得分对人口与经济系统的协调发展情况进行深度研究。

第二,襄阳市人口变动与经济协调发展的聚类分析。

协调发展就是指两种或两种以上系统之间的一种良性发展的相关关系,协调发展是度量该系统整体或系统内部各部分之间彼此和谐一致的程度。人口与经济协调发展是针对某一时点,研究范围内人口系统与经济系统彼此互利、共进、和谐的发展状态,衡量协调发展水平高低程度的定量指标便是人口与经济系统的协调发展度,可以定量地描述人口系统与经济系统之间的耦合程度,即相互影响程度。

鉴于协调度得分、综合发展度得分在进行综合评价中存在的一些不足,本节采用相对评价综合程度较高的协调发展度得分数值进行聚类分析(即修正后构建的协调发展度模型计算值)。根据协调发展度的具体数值,将襄阳市人口与经济的协调发展程度大致分为以下三个大类:良好协调发展、中级协调发展、初级协调发展。采用ArcGIS10.5软件基于自然断裂法将测度结果分为良好协调发展、中级协调发展、初级协调发展三类,得到最终的襄阳市9个县市区人口与经济协调发展度的聚类结果和协调发展度分类结果,具体如表6-12所示。

表6-12 襄阳市人口变动与经济发展协调程度的评价结果

县市区	主体功能区类型	协调发展度	协调发展类别	类别
樊城区	重点开发区	0.8847	良好协调发展	第一类
襄城区	重点开发区	0.8218	良好协调发展	第一类
谷城县	农产品主产区	0.6507	中级协调发展	第二类
枣阳市	农产品主产区	0.6176	中级协调发展	第二类
襄州区	重点开发区	0.5612	中级协调发展	第二类
宜城市	农产品主产区	0.5500	中级协调发展	第二类
南漳县	生态功能区	0.5463	中级协调发展	第二类
老河口市	农产品主产区	0.5260	中级协调发展	第二类
保康县	生态功能区	0.4474	初级协调发展	第三类

从表 6-12 可以非常直观地看出,襄阳各县市区之间的协调发展水平各不相同,存在差异,协调发展度得分值的范围为[0.8847,0.4474]。

一方面,襄阳人口在不同主体功能区的分布与区域经济协调发展格局中属于第一类(良好协调发展)的地区相对较少,樊城区、襄城区(图 6-7 中"襄阳市市辖区"代表樊城区、襄城区)的协调发展度得分分别为 0.8847、0.8218,协调发展水平相对高于襄阳其他县市区,主要原因在于这两个地区各自的协调性水平与综合发展水平差异相对较小。究其根本,由表 6-11 可以看出,樊城区、襄城区两地区的协调性水平差异较小,对其协调发展起主导作用的就是各自的综合发展水平,深层次挖掘可知樊城区的经济发展度得分居全市之首,人口发展度为中等水平;襄城区属于人口发展度得分居全市之首,经济发展度得分相对较低,这也是以上两个地区人口与经济协调发展水平较高的根本原因所在,但它们之间的主要差别就在于樊城区属于经济发展水平较高为主导的人口与经济协调发展,而襄城区属于人口发展水平较高为主导的人口经济协调发展。

另一方面,襄阳市绝大部分地区的人口变动与经济协调发展的类别属于第二类与第三类(中级协调发展、初级协调发展),这从一定程度上说明襄阳市大部分地区人口与经济的协调发展水平属于中级与初级程度,这主要归因于经济发展度与人口发展度、协调性水平与综合发展水平之间的不同步。需要指出的是,在同一个协调发展类别下,虽然其协调发展水平差异不大,但各县市区的综合发展度、协调度数值仍然呈现出较大差别。因此,襄阳市各地区人口变动与经济协调发展的调整、优化空间布局任重而道远。

第七章　主体功能区视野下优化襄阳人口空间布局研究

促进襄阳市人口变动与经济社会协调发展,对于实现襄阳市的高质量发展战略目标具有很重要的意义。根据襄阳市人口和经济社会发展的实际,结合前文分析的人口与经济发展的协调发展度水平类别,主体功能区视野下襄阳各县市区应当结合自身实际情况,有所侧重地优化人口空间发展战略,这样才能使襄阳人口与经济社会不断走向良性协调发展的轨道,奋力实现"一极两中心"的目标。

第一节 重点开发区优化人口空间布局的定位与策略

一、功能定位

重点开发区域(樊城区、襄城区、襄州区)拥有良好的经济基础和较强环境承载力,具有一定科技创新能力和较大发展潜力,是推进新型工业化和新型城镇化的主要区域,是城市经济发展的新增长点。应大力集聚创新要素,增强自主创新能力和产业集聚能力,形成分工协作的现代产业体系,完善基础设施建设,改善居住环境,优化服务功能布局,提高集聚人口和经济的能力,使重点开发区域成为经济发达、功能完善、环境优美的发展区。

二、吸纳人口集聚,提高人口密度

积极推进人口城镇化,加大人口吸纳力度,成为城市人口的集聚地,完善城市基础设施及公共服务,进一步提高区域人口密度,城市的规划和建设要充分考虑未来区域人口的布局,适当放宽户籍政策,加快区域内有稳定工作和住所流动人口的本地化过程,实现人口较大规模的增长。

三、增强中心城区辐射带动功能

树立极核化引领取向,以完善功能、优化布局、提高品质为重点,依托"一心四城"构建多组团、多中心的功能形态,强化襄阳区域中心城区的辐射力、带动力、影响力,塑造现代化大都市风范。

一是优化襄阳中心城区空间布局。完善"一心四城"总体布局,推动城市南优、北拓、东进、西控,加快中心城区产业和人口集聚。加快高新区区域创新引擎和开放高地建设,积极推动襄阳自贸片区建设和高水平创新主体培育大突破,推进产城融合发展,打造区域改革开放桥头堡和社会主义现代化先导区。发挥东津高铁枢纽等优势,加快建设东津产城融合示范区,协调推进产业高端化、设施智慧化、环境生态化,初步形成汉江流域中心城市功能性新中心的空间形态和功能形态,打造中心城市综合功能承载区和国家产城融合示范区,成为带动区域发展的新增长极。凸显鱼梁洲作为城市生态绿心、汉水文化核心区、旅游休闲度假区的地位,完善生态环境保护和休闲旅游功能,打造领略襄阳山水形胜的生态岛、旅游岛,成为汉江生态经济带绿色发展的样板。依托核心企业,加快推进航空航天产业园和化纤产业园提档升级,夯实樊城区制造业产业基础;重点推进樊城区国家级现代商贸物流示范区和区域性现代服务业中心建设,加快樊城老城区有机更新。同步提升襄阳外在形象和内在品质,形成辐射汉江流域、服务中西部、对接全国、联通世界的市场枢纽,打造功能强劲的区域性市场枢纽和城市"全周期管理"样板。突出做活古城和山水文章,加强襄阳古城和南部山区保护与修复,加快襄城历史文化核心展示区建设,系统推进古城古街古巷等历史文化风貌的恢复与展示。加快精致城市、教育、医疗、品质小区等功能建设,成为全域旅游核心示范区。协调推进、错位发展先进制造业,大力发展都市农业,形成以文化旅游为主导、先进制造业和都市农业有机衔接的产业发展新格局,打造国内外知名文化旅游目的地和高品质生活宜居地。加快襄州区城乡一体化和现代农业综合示范区建设,推动中泰产业园建设,重点抓好空间集约利用、基础设施提档、产业强链提质,打造中部地区"三产融合""四化同步"示范区,成为外引内强的农产品精深加工样板区和中心城区生产性服务业重要功能区。

二是提升中心城区交通能级。重点谋划建设以高铁和高速公路为主的对外交通网,进一步提升机场服务能力,建设汉江航运中心,打造"四港一区",着力建设"一江四线"国际物流通道,提升区域交通枢纽功能。实施城市畅通工程,加快推进城市轨道交通前期工作,争取早日开工建设。稳固城市骨架路网体系,优化街区路网结构,加快建立级配合理的道路网系统,提高道路通达性。坚持公交优先原则,大力发展公共交通,加快建设公交专用道等快速公共交通体系,布局新能源公交配套服务设施网络,开通社区微循环公交、旅游公交等特色公交线路,合理布局城市新区、开发区(园区)和城乡接合部公共交通线路,规范巡游出租车、网约车和共享单车发展。加快完善换乘体系,强化高铁、民航、长途班线与城市公共交通的无缝衔接。加大城市绿道、自行车专用道建设,重点做好步行、自行车交通系统与居住区、公交枢纽、城市公园、汉江生态景观带、文化场馆和商业综合体等公共设施的无缝衔接,完善城市慢行交通系统。

> **专栏 7-1 "四港一区""一江四线"**
>
> 　　四港一区:航空港、铁路港、公路港和水运港,以及襄阳综合保税区(含自贸区)。
> 　　一江四线:实现江海联运,利用汉江、长江黄金水道,向东出海,通达日本、韩国及东南亚。利用铁路枢纽优势,开通襄阳—宁波铁海联运线,向东南方向出海;开通襄阳—柳州—南宁—钦州港(防城港)铁海联运通道,向南出海;开通襄阳—阿拉山口铁路联运线,向西出境;开通襄阳—满洲里铁路联运线,向北出境。

　　三是提升中心城区产业能级。坚持做强主业,提升辅业,完善配套,融合发展,突出中心城区的产业引领作用,着力培育和发展新型产业业态。重点培育创新性突出、附加值高、市场应用前景广的高端装备及配套产业,加大智能制造和智能化改造的力度,打造中部地区高端装备制造基地。突破发展战略性新兴产业,加快开展氢燃料电池公交示范运营及加氢站建设,加快新能源汽车配套基础设施建设,推动现有新能源汽车产品优化升级;积极布局智能网联汽车产业,重点培育集成电路、智能终端、工业互联网、5G通信等,推动电子信息产业逐步向"光芯屏端网"高端发展。以"一带两核四区多点"中心城区服务业布局为载体,积极培育服务业新业态、新模式。加强现代物流、信息服务、文化产业等领域关键技术的研发,提升服务业创新能力。加快发展基于互联网的健康医疗、教育、养老、旅游、社会保障等民生领域智慧型服务,推进服务业数字化、智能化、绿色化发展;大力发展服务型制造,推动制造业企业延伸拓展研发设计、创业孵化、售后服务等,加快服务业与制造业双向融合;推动"物流+""文化+""旅游+""电子商务+""养老+"的跨界融合发展。加快发展都市农业,重点发展休闲旅游、观光旅游、采摘体验、民宿农庄等新型模式,大力发展特色农产品,积极推进"互联网+农业",实现线上销售与推广。

　　四是提升中心城区服务能级。聚焦区域中心城市建设,以中心城区为核心空间载体,全局谋划,总体布局,强化商务金融、会议会展、科技研发、商贸物流、文化旅游等区域性综合服务职能,以及体育、医疗等生活休闲服务职能,全力提升中心城区的城市能级。加快东津新区文化场馆、奥林匹克公园等大型公共文化体育设施和休闲文化广场建设,提升城市文化体育设施层级。加快推进减灾备灾物资保障中心建设,保障战略应急物资生产,推进急救中心迁建及公立医院改革,优化布局大型医院、商业综合体,加快建设快递收发站、停车场等便民设施、便民生活服务圈和城市社区邻里中心,提升生活服务质效。完善网格管理模式,加强信息的收集与处理,推行智能化服务,提升城市治理效能。

四、加强城区更新

坚持新区开发、旧城更新、文化保护"三位一体"和交通圈、商业圈、生活圈"三圈合一",在"古城变古、新城变新、绿心变绿"上下功夫,分类协调推进城市更新改造,进一步完善配套城市基础设施,提升城市服务功能。

一是积极推进城市新区和功能区建设。深入推进东津国家产城融合示范区建设,重点推动东津中心商务区、高铁站区等区域开发,加快建设高端装备、电子信息、大数据、文化创意、大健康、高铁等产业园;大力推进东津新镇、华侨城等建设,形成产城融合发展新格局。建成鱼梁洲中央生态公园,形成生态优良的全域景观体系、独具特色的文化旅游产业、优质高效的新兴业态和绿色低碳的基础设施体系,推动鱼梁洲与"三洲一湾"(贾洲、老龙洲、长丰洲和月亮湾)联动发展,增强城市"绿心"功能,成为城市公园系统建设示范。加快建设庞公、尹集、卧龙等功能区,完善樊西、伙牌、双沟等片区承载功能,优化城市格局,增强服务功能。按照产城融合理念规划建设县(市)新型功能区,推进公共基础设施和配套服务不断完善,产业集聚区配套设施和公共服务平台与产业发展需求基本匹配,人口吸附功能显著增强,要素集聚能力显著提升。

二是推进旧城更新提质。重点推进老旧小区改造、背街小巷和临街立面综合整治,有序推进城中村、棚户区改造,补齐社区服务中心、卫生服务中心、中心小学、幼儿园、菜市场、停车场、公共厕所、生活垃圾分类投放收集、非机动车停放点和电动车充电点、文化体育场所、绿地等基础设施短板,落实新建小区公建配套设施移交管理制度,畅通微循环,美化街区环境,不断提升民生服务水平和居民生活质量。加强物业管理地方立法,推动老旧小区物业管理全覆盖,切实加强小区物业的过程管理和监督,构建多方联动的物业管理体系。坚持"统筹规划、科学布局、产城融合、集聚发展,政府主导、市场运作",深入推进影响环境质量与居民生活的老工业区及企业的搬迁改造,支持现有开发区(园区)学校、医院、公共交通等配套公共服务设施建设,优化商贸市场、工业企业、双创园区布局,促进专业市场和特色园区与区域中心城市功能相匹配、与产城融合理念相适应、与产业集聚相适宜。坚持因地制宜、分类指导,推进各县(市)城中村、棚户区、老旧住宅小区、传统工业区搬迁等改造。推进中心城区"一江两岸"城市景观打造,加大城区临江规划建设管控力度,拆除违法违规建筑,留足发展空间,保留城市天际线,形成错落有致、各具特色的建筑风貌,进一步提升城市品质。

三是加快人文城镇建设。以强烈的文化意识引领新型城镇化建设,坚持传承与发展并重,深入挖掘汉水文化、楚文化和三国文化内涵,注重城镇文脉传承,实现城镇化建设与文化发展协调推进。强化建筑形态彰显地域特色,依托历史文化街区和传统村落传承历史记忆、文化脉络和传统风貌。以新区、新镇、新村形象为载体,展示襄阳独特的文化名城传统风貌、地域文化形态、文化印记和文化符号。中心城区突出"一城两文化"特色,宜城、保康、南漳突出楚文化特色,老河口、谷城突出汉水文化和农耕文化特色,枣阳突出汉文化和农耕文化特色,形成各具特色的建筑形态和城镇风貌。新城新区建设和旧城更新应合理规划文化功能区,重点保护和利用具有城市记忆的历史街区和文化风貌区,加大襄阳古城池、樊城商业会馆和陈老巷、谷城明清老街、老河口太平街、东津十字街和太平店老街等历史街区的保护与修复,保留樊城以"九街十八巷"为代表的古老街巷的城市肌理,提升襄城北街、荆州古治街等传统街区的业态,彰显街区历史文化风貌。

五、推进襄州区与主城区一体化发展

第一,统一国土空间管控与建设。将襄州城区纳入中心城区国土空间管控范围,统一划定"三线",统一编制控制性详细规划、城市设计和修建详细规划。与中心城区共同建立统一的空间基础信息平台,共绘一幅蓝图、齐守一条生态底线、合织一张城乡空间网络。统一城市建设,将襄州城区市政设施和重大生态环境建设项目、城市更新改造、绿化、美化、亮化纳入中心城区年度城建计划,统一标准、统一安排、统一调度。

第二,促进整体功能协同。统一产业发展布局与公共服务配置。将襄州产业发展纳入市区统筹布局,对襄州产业发展进行定位和引导。重点支持襄州发展装备制造、农产品加工、现代观光农业、旅游休闲、区域性物流、生产性服务等产业。按照集约发展原则,发展特色产业集群,引导襄州县域经济向都市型经济转型发展。同步安排覆盖城区的社会治理、文化体育、教育科技、医疗卫生、文明创建、扶幼养老、创业就业等公共服务供给。加快发展襄州公共交通,逐步将伙牌镇、双沟镇、峪山镇、古驿镇纳入城区公交线路覆盖范围,优化加密主城区公交线路。

第二节 生态功能区优化人口空间布局的定位与策略

一、功能定位

生态功能区（南漳、保康）主要以提供生态产品为主体功能，限制大规模高强度工业化、城镇化开发。实施生态红线管控制度，确保生态底线区一寸水面不减少、一寸山体不破坏、一滴污水不排放、一棵树木不砍伐，严格控制资源开发对生态的影响。

二、加快南漳绿色发展示范区建设

支持南漳背靠襄阳主城区、东联宜城、西牵保康，优化布局，完善功能，增强活力，延展中心城市辅助性功能，串联麻竹沿线生态产业带，建成"中国有机谷"核心区和特色农产品出口基地，打造全省绿色发展示范县、全国县城新型城镇化建设示范县、中国有机产业示范县。绿色化发展工业。坚持产业强县，积极探索绿水青山转化为金山银山的实现路径，推动企业绿色发展，加快培育壮大精细化工、新型建材、现代装备制造、农产品精深加工等支撑性产业集群。有机化发展农业。以食用菌、茶叶、桑蚕、稻虾共作、中药材、果蔬等产业为着力点，推进有机产业适度规模化发展，全力打造有机技术示范地、有机产品集散地、有机标准制定地、有机生活体验地、有机文化传播地，建成全国有机农业发展样板。全域化发展旅游。挖掘"楚文化、三国文化、古山寨文化"三大文化，打造中国有机谷休闲旅游区、襄南康养休闲度假区、水镜楚都文化旅游区、荆山生态旅游区四张旅游名片，构建山水城互动、文旅农互融、多产业互补、多平台互联的旅游发展新格局。

三、加快保康绿色发展示范区建设

支持保康发挥串联长江三峡和神农架、武当山"一江两山"和通达重庆、西安等地的旅游枢纽作用,借力高铁、高速网络,打造全省全域旅游示范区和森林康养基地,创造区域发展新优势,加快建设开放繁荣、精致典雅的绿色保康。优化城镇布局,加快构建与绿色发展、现代化建设相适应的新型城镇化发展格局。坚持生态优先、绿色发展,加快构建以生态旅游为主体,以新型工业、磷矿开采业、特色农林业和现代服务业等为支撑的产业发展格局。大力推进农村一二三产业融合发展,推动山区农业高效集约发展,打造具有保康特色的有机农产品知名品牌。加快余家湖保康工业园转型发展,打造"飞地经济"发展示范。推进全域旅游,构建以县城为龙头、核心景区为依托、特色旅游小镇为骨架、美丽乡村为支撑的旅游发展新格局。

第三节　农产品主产区优化人口空间布局的定位与策略

一、功能定位

农产品主产区(枣阳、宜城、老河口、谷城)应限制进行大规模高强度开发,加强耕地特别是基本农田保护,调整优化农业结构,大力发展现代农业,建成全国重要的优质农产品生产基地、中部地区农产品精深加工产业基地。实行农业发展优先的绩效考核评价,强化对农产品保障能力的评价。积极发展绿色农业、集约农业和现代农业,优化农业布局,保证对中心城区优质农产品的供应。

二、提升枣阳副中心城市辐射带动功能

第一,对标对表,在全国争地位。围绕建设更具竞争力的全国综合实力百强县(市),以强产业、提功能、优服务为重点,补短板、强弱项,挖潜力、扬优势,跻身全国百强县(市)50强,扩大影响力,增强带动力。

第二,优化布局,在区域谋发展。围绕建设更有活力的汉江流域创新发展示范城市,发挥"襄十随神"城市群重要节点作用,构建"东连随州、望武汉,西靠襄阳、望西安,北依中原、望郑州,南融长江、望湾区"的空间发展布局,抢抓长江经济带、长江中游城市群、大湾区等建设机遇,积极对接区域发展战略,全面打造更

加开放的大别山革命老区高质量发展样板城市、"襄十随神"城市群发展先行区、汉十经济走廊先进制造业名城、中部地区生态田园旅游目的地、承接大湾区产业转移试验区、全国现代农业发展示范市（县），加快融入以畅通双循环为主的新发展格局，创造区域合作和竞争新优势。

第三，增强功能，在市域强支撑。围绕建设更高层次的襄阳市域副中心城市，聚焦转型升级，推动工业强基和实体经济发展；聚焦有效供给，推进一二三产业融合发展，推动枣阳由"传统农业大市"加快向"生态农业强市"转变；聚焦特色禀赋，擦亮"一城两花"旅游名片，打造知名的旅游和特色研学目的地；聚焦智慧赋能，培育一批创新型领军企业和细分行业头部企业，发展数字经济；聚焦公共服务，推进教育、医疗、文化、康养等补短板强弱项，增强人民群众获得感、幸福感、安全感；聚焦新型城镇化，抢抓国家推进县城城镇化建设的机遇，以县城现代化建设带动本地城镇化建设，强化区域关键节点综合性功能；聚焦绿色发展，做好生态修复、环境保护、绿色发展"三篇文章"，建成天蓝地绿水清的美丽宜居现代田园城市，使枣阳成为更加开放、更有魅力、更具带动作用、更富影响力的襄阳市域副中心城市和中部"最具幸福感"的城市。

三、加快河谷组团发展

第一，坚定不移推进河谷组团发展，加快建设襄阳市域副中心城市。支持老河口全域建设城乡一体化示范区，打造汉江流域滨江精致城市的典范和城乡共同繁荣的样板；支持谷城建设全国生态文明先行示范区，打造国家级智能制造基地和经济社会发展全面绿色转型示范区，夯实发展基础，凝聚发展合力，创造城市组团发展新示范。

第二，加强协同工作机制建设。建立目标一致、运转协调、务实高效的高层次运作协调机制，统筹市县之间的联动、协调发展。加强市场监管合作，建立质量、资质互认制度。加强信用体系建设，推动跨区域信用信息互联互通。优化两地要素配置，创新园区共建与利益分享机制。加强科技合作协同创新，推动重大科研基础设施和大型科研仪器等科技资源开放共享，组建区域性行业协会、商会等社会团体。统筹规划区域生态安全体系，推动规划环评与规划编制互动，搭建环境监管一体化平台，实现环境监测一体化、环境监察执法统一化、环境预警应急响应联动化与环境信息共享化。实施大气污染联防联控、汉江流域联合治理与修复，维护水生态系统功能，保障生态系统健康安全。推进环境基础设施共建共享，协同建设滨江绿色休闲步道及绿地。

第三，推进交通基础设施互联互通。以同城化为目标，全面加强对内、对外立体交通运输通道体系建设。依托国省干线公路快速通道,实现河谷城区之间30分钟快速循环连接,构建至周边中心城市(襄阳、十堰、南阳等)1小时城际交通圈。加快建设"干支结合"的内河航运网络,打造一体化的河谷港区,形成铁路站点、客运站、物流园区、港区码头至国省干线公路的15分钟快速集散通道。以高铁站和县城为基点,抢抓国家支持新型基础设施建设机遇,谋划建设连接高铁站的快速通道,推进综合交通枢纽建设。推进河谷城际公交、城乡客运一体化,提升综合运输服务一体化水平。

第四,推进一体化产业体系建设。强化产业协同与错位竞争,形成两地产业结构互补和产业链上中下游有效循环。依托两地资源禀赋优势,重点打造汽车零部件产业、循环经济产业、农产品加工和现代生态旅游产业"3+1"产业体系,将河谷组团建设成为全国循环经济建设示范基地、中部地区重要的汽车及零部件生产基地、中部地区重要的农产品加工基地和国际知名生态旅游度假区。

四、深化宜城新型城镇化建设

充分利用全国新型城镇化综合试点成果,加快推进县城城镇化建设,辐射带动小河、王集等重点镇发展,加强与襄阳主城区在交通、产业、科教、医疗、休闲等方面的对接。深入推进农村一二三产业融合发展,打通城乡要素自由流动制度性通道,着力构建城乡一体化的交通物流、基本公共服务、能源供给、智慧建设等体系,打造农村一二三产业融合发展示范。支持宜城经济开发区升格为国家级经济开发区、襄阳精细化工产业园区打造省级特色园区。大力推进小河临港产业园建设,打造襄阳新港核心支撑,促进汉江航运中心建设。加强与南漳、保康在基础设施、文化旅游、农产品加工、精细化工等方面联动发展,打造汉江生态城和湖北"两翼驱动"的重要链接,努力建设宜居宜业、美丽和谐新宜城。

第四节 特色小城镇优化人口空间布局的定位与策略

一、功能定位

按照"特色鲜明、产业发展、文化传承、绿色生态、美丽宜居"的要求,以国家重点镇、乡村治理示范乡(镇)、省级农村产业融合发展试点示范乡(镇)等为主体,推动小城镇提升承载功能,因地制宜培育特色小城镇,开展擦亮小城镇行动,构建一批绿色城镇、智慧城镇、人文城镇,初步形成生态环境优美、居民生活富裕、地域文化彰显、荆楚特色鲜明、创新活力十足的特色城镇体系。

二、分类发展特色小城镇

依托城镇特色优势,促进差异化发展,构建"多点支撑"的城镇发展格局。以全国特色小城镇吴店为代表,打造一批都市型特色小城镇;以石花、太平店等为代表,打造一批工贸型特色小城镇;以湖北省重点口子镇孟楼为代表,打造一批商贸型特色小城镇;以五山、东巩、龙坪、九集等为代表,打造一批旅游型特色小城镇;以程河、流水等为代表,打造一批农业服务型特色小城镇,引领带动全市小城镇建设,不断提高城镇化建设水平和发展质量(见表7-1)。

表 7-1 襄阳特色小城镇发展类型

类型	数量/个	城 镇 名 称
都市型	6	牛首镇、吴店镇、兴隆镇、小河镇、欧庙镇、李楼镇
工贸型	11	石花镇、太平店镇、双沟镇、武安镇、马桥镇、七方镇、马良镇、琚湾镇、盛康镇、板桥店镇、仙人渡镇
商贸型	7	孟楼镇、太平镇、寺坪镇、黄集镇、刘猴镇、店垭镇、黄龙镇
旅游型	14	东巩镇、九集镇、薛坪镇、五山镇、南河镇、紫金镇、后坪镇、歇马镇、龙坪镇、熊集镇、平林镇、新市镇、峪山镇、洪山嘴镇
农业服务型	29	朱集镇、庙滩镇、龙王镇、鹿头镇、程河镇、郑集镇、杨垱镇、石桥镇、张家集镇、古驿镇、王城镇、薛集镇、茨河镇、板桥镇、张集镇、巡检镇、长坪镇、李庙镇、刘升镇、黄堡镇、孔湾镇、王集镇、流水镇、肖堰镇、过渡湾镇、竹林桥镇、袁冲乡、两峪乡、赵湾乡

三、创新城镇发展体制机制

深化经济发达镇行政管理体制改革,探索推进镇级市改革,围绕土地使用权、财政支配权、行政审批权和事务管理权等领域推行"简政扩权",将部分县

(市)的经济社会管理权赋予乡镇一级政府。支持各地因地制宜大力发展特色小镇,打造一批产业特而强、功能聚而合、形态小而美、机制新而活的精品特色小镇。建立规范纠偏机制,开展监测评估,淘汰错用概念的行政建制镇、滥用概念的虚假小镇、缺失投资主体的虚拟小镇。

第八章 促进襄阳人口与经济协调发展的战略研究

人口是影响城市协调发展和活力指数的主要因素,一个城市是否有发展的潜力,主要在于人口规模是否在逐渐扩大。经济发达的城市,常住人口基数庞大,加上不断涌入的外来人口,带动了整个城市的发展。相对经济落后的城市,就出现了人口流失的问题,造成了城市发展后劲乏力。因此,人口增长是城市经济增长的强力支撑,人口集聚不仅是区域经济发展的显著成果,更是提高城市综合实力的重要因素。

第一节 襄阳人口增长来源与面临挑战

一、人口增长来源

襄阳城市人口增长的来源包括:就业移民、投资创业移民、新城导入人口及教育移民四个方面。

第一,就业移民。就业移民是指为就业、创业到城市谋生的人口。在襄阳就业的移民包括两个部分:一部分是在襄阳务工却没有落户的外来人员,包括现有的进城务工人员和以后每年新增的进城务工人员,主体为农民工;另一部分是在襄阳工作的大中专和职业技工培训学校毕业生,多为湖北籍。

一是进城务工人员。目前,襄阳市城区进城务工人员主要由三部分构成:①在城市发展中失去土地的农民;②襄阳近郊及周边地区的农民,这部分人是我市进城务工人员的主体,农忙种地、农闲务工;③来自河南等地区离土又离乡的农民,这部分人大多随外地建筑企业进入襄阳市。用工形式大多以临时工或短期工、季节工为主,以完成某项工程为时限,受户口、学历等限制,他们主要分布在建筑装潢、餐饮、批发零售、制造业、交通运输及其他服务行业。

二是大中专和职业技工培训学校的毕业生。襄阳市能否留住、吸引更多的大中专毕业生,取决于襄阳市的努力。提高襄阳的经济水平,实施更多的人才优惠政策,创造一个良好的就业、创业环境等都至关重要。同时,襄阳市应以海纳百川的胸襟吸引全国乃至全世界的人才加入襄阳的城市建设中。

城市广阔的就业空间和良好的技工分配形势,吸引了越来越多的城市青年到技工学校就读。在襄阳市,短期培训、职业培训、有学历的职业教育,如技工学校和民办职业培训学校也具有一定的办学规模,吸引了大量的青少年来襄阳就读。尽管增幅不高,但其生源绝大多数为农村青年,由于在技工学校就读,解决了户口问题,培养了他们在城市生存的技能。

第二,投资创业移民。襄阳正在以法治化、国际化为方向,实施环境再造和优化工程,建设宜居宜业新襄阳,打造中部地区商务成本最低、服务最优、最具吸引力的环境高地。可考虑积极实施创业带动就业战略,放宽农民和大中专毕业生进城创业的门槛,落实好创业税费减免和小额贷款政策,努力营造鼓励投资创业的社会氛围。加大城区物流、物管、家政、养老、托幼、会展等服务业发展力度,对其营业税、企业所得税的地方留存部分实行先征后奖。鼓励失业人员到城区再就业,对在城区自谋职业、自主创业的,免征行政事业性收费。

组建"人口发展规划委员会",将人口政策的决策、执行权力予以整合,改变当前各部门管局部、政策目标过于分散的局面;建立"年度人口发展计划安排及执行情况"的核定和公告机制,从宏观上框定每年新增人口数额,并形成有布置、有检查、有总结的落实制度;把人口增长发展目标分解到各镇街,将人口落户审批权从市下放到镇街,给予各镇街在人才引进方面充分的自主权,鼓励各镇街展开招引人才的竞争。

第三,新城导入人口。新城建设是城市空间从单中心都市区向多中心都市圈扩展的核心手段,可以为城市人口和产业发展提供必要的空间及相应设施,维持城市经济增长的持续性。襄阳正加快推进东津新城、鱼梁洲生态城、庞公滨江新城、樊西新城等重点片区的开发建设,创新新城人口导入渠道。若能通过城市功能转移,提高新城居民福利水平,就会有大批人口愿意搬迁到新城,快速扩大城区人口规模。

第四,教育移民。教育移民主要是指在襄阳市大中专院校、技工学校、职业中学和职业培训学校就读又尚未毕业的学生。他们在襄阳就读、生活,为城市增添了更多的活力,也是襄阳未来城市人口的潜在增长源泉。

二、面临挑战

一是适度生育水平提升压力。受前期人口结构影响,未来五年襄阳育龄妇女总数将持续减少,生育、养育、教育成本较高,群众生育意愿下降,总和生育率明显低于世代更替水平。在短时期内扭转生育率下滑趋势,引导生育水平适度提升并稳定在合理区间,面临较多困难。

二是人口老龄化应对压力。人口老龄化程度持续加深,劳动年龄人口数量减少,社会总抚养比超过50%,总体负担不断加重。襄阳未富先老问题突出,应对人口老龄化的经济基础有待增强。养老服务体系不够健全,养老保障制度不够完善,社会和家庭将面临巨大的养老压力。

三是公共服务保障压力。受制于财政保障能力较弱、社会化服务水平较低等因素影响,襄阳基本公共服务供给质量有待提升,优质公共服务资源不多,城乡、区域、人群之间配置不够均衡,服务可及性、便利性还不够高,难以满足人民日益增长的美好生活需要,公共服务提质扩容任重道远。

四是资源环境承载压力。人口发展与资源供给、环境承载总体处于紧平衡状态。人口分布与水资源、能源、粮食、用地等资源供给保障不相匹配,人口发展与生态环境保护的矛盾长期存在,在碳达峰和碳中和新形势下,节能降耗和改善环境需要持续用力。

第二节 总体思路

一、总体要求

高举习近平新时代中国特色社会主义思想伟大旗帜,贯彻落实党的二十大精神,贯彻习近平总书记关于湖北工作的重要讲话和指示批示精神,深入落实省第十二次党代会精神,按照襄阳市第十四届委员会系列会议部署,紧扣社会主要矛盾变化和"两个一百年"奋斗目标,按照高质量发展要求,科学把握人口发展规律及趋势,进一步强化人口发展的战略地位和基础作用。以人口结构优化为主线,以促进人口高质量发展为主旨,以人口有序流动为依托,通过综合施策促进人口与经济社会、资源环境协调可持续发展,持续创造有利于经济社会发展的人口总量势能、结构红利和素质资本叠加优势,引导人口总量适度增长,为襄阳市加快建设引领汉江流域发展、辐射南襄盆地核心增长极的省域副中心城市,加快推动襄阳都市圈高质量发展乘势见效,助力全省建设全国构建新发展格局先行区,为奋力谱写全面建设社会主义现代化国家襄阳篇章提供坚实基础和持久动力。

二、基本原则

第一,以人为本,包容发展。坚持以人民为中心的发展思想,把促进人的全面发展作为统筹人口与经济社会协调发展的出发点和落脚点,注重保障和改善民生,从市民群众普遍关注、反映强烈的问题出发,不断实现人民群众对美好生活的向往,提升人民群众获得感、幸福感、安全感。

第二,协调发展,统筹兼顾。尊重人口发展规律,促进人口与经济、社会、资源、环境协调可持续发展,切实将人口融入经济社会政策,加强超前谋划和战略预判,不断健全人口发展综合决策机制,确保人口规模适度增长、人口结构合理改善、人口素质不断提升、人口流动更加有序。

第三,尽力而为,量力而行。综合市民基本民生需求、经济社会发展水平和公共财政承受能力,既关注回应群众呼声,又合理引导社会预期,充分发挥社会各方面的积极作用,推动有为政府和有效市场更好地结合,不断织密民生保障网底,稳妥有序地提升公共服务保障水平。

第四,改革创新,提质增效。积极转变人口调控与人口服务管理的理念和方法,坚决破除制约人口高质量发展、高品质生活的体制机制障碍,深化创新公共服务供给模式和管理机制,扩大适度普惠公共服务供给,加强服务供需对接,全面提升公共服务质量、效益和人民满意度。

三、发展目标

襄阳作为湖北省域副中心城市和汉江流域中心城市,力争到2025年,中心城区人口数量达到190万人,人口与经济社会、资源环境协调程度显著提升,人口新红利充分释放,优质均衡的公共服务体系基本形成,全覆盖可持续的多层次社会保障体系更加完善,人民生活更殷实、更安康、更舒适,民生福祉达到新水平。

第一,人口发展质量实现新跃升。积极生育支持政策体系基本建立,生育、养育、教育成本显著降低,生育水平适度提高,人口规模适度增长,人口结构持续优化,人口素质不断提高,人口分布更加合理,人口自身均衡发展态势基本形成,人口与经济社会、资源环境的协调程度显著提高。

第二,公共服务供给再上新台阶。公共服务制度体系更加完善,保障机制更加完备,政府保障基本、社会多元参与、全面共建共享的公共服务供给格局基本形成,基本公共服务均等化水平明显提高,普惠性公共服务实现提质扩容,不断提升公共服务供给和市民群众需求的适配性。

第三,人民生活品质达到新水平。居民生活水平显著提高,实现更加充分更高质量就业,居民收入增长与经济增长基本同步,不断满足人民群众日益增长的多样化、个性化、高品质公共服务需求,人民群众的获得感成色更足、幸福感更可持续、安全感更有保障。

到 2035 年,把襄阳建设成为中心城区 300 平方公里、300 万人口的现代都市,人口均衡发展态势全面形成。人的全面发展取得更为明显的实质性进展,优质均衡的公共服务体系、全覆盖可持续的多层次社会保障体系全面建成,共同富裕走在全省前列,实现幼有善育、学有优教、劳有厚得、病有良医、老有颐养、住有宜居、弱有众扶,打造民生幸福标杆。

第三节 重点任务

一、全面提高人口素质,提升人口发展能力

人口素质关系到国家和民族永续发展和经济社会健康发展,要与经济社会科技发展水平相适应,着力补齐人口素质发展短板,提高全民素质。

第一,提升出生人口素质。

一是加强出生缺陷防治。继续做好免费婚前医学检查、免费孕前优生健康检查工作,重点关注高龄孕妇等特殊人群,为包括外来流动人口在内的计划怀孕夫妇提供免费孕前优生健康教育、健康检查、风险评估、咨询指导等服务,实现出生缺陷预防关口前移。全面实施出生缺陷综合防治项目,落实出生缺陷三级预防,构建覆盖城乡居民、涵盖孕前、孕期、新生儿各阶段的出生缺陷防治体系。全面落实孕产期保健服务,加强对致命畸形以及染色体异常筛查和综合干预的服务,减少严重出生缺陷儿的出生。广泛开展新生儿访视、健康咨询与指导。逐步将出生缺陷患儿的治疗和康复纳入基本医疗保障,促进患儿健康。强化危重孕产妇和新生儿救治能力。

二是促进儿童健康发展。加强儿童健康干预和儿科诊疗能力建设,建立健全新生儿及儿童致残性疾病筛查、诊断、干预一体化工作机制,加强儿童疾病防

治工作。建立残疾儿童康复救助制度,普遍开展残疾儿童早期康复活动。加强儿童营养与喂养、生长发育监测、心理行为发育评估,继续开展重点地区、欠发达地区儿童营养改善等项目。完善未成年人和儿童福利体系,发展适度普惠型儿童福利制度。统筹推进农村留守儿童关爱和困境儿童保障工作,建立健全未成年人保护机制。加强对流浪未成年人的救助保护,完善儿童收养制度。

第二,提升全民健康水平。

一是推进"健康襄阳"建设。构建现代公共卫生、医疗服务、医疗保障、药品供应、卫生监管体系,促进基本公共卫生服务均等化,积极发展多样化健康服务,扩大健康服务供给,满足人民群众不断增长的卫生与健康服务需求与对美好生活的向往,提高人民群众的获得感、满足感与幸福感。

二是健全健康教育体系。将健康教育纳入国民教育体系,提升各阶段素质教育内涵。广泛开展全民健身运动,推动学校、企事业单位文化体育设施向社会开放,加大体育与医疗、养老等融合力度,全面提高群众的身体素质。

三是倡导健康生活方式。秉持储存健康从青少年开始的理念,普及健康知识。践行以合理膳食、适量运动、戒烟限酒、乐观心态、足够睡眠为主要内容的全民健康生活方式。加大慢性病防控力度,建立以信息化为基础的健康管理与分级诊疗制度,完善政府主导的慢性病综合防控协调机制,建立健全重大传染病联防联控机制,强化对老年常见病、慢性病的健康指导和综合干预。

第三,推进教育质量提升。

一是深化教育改革。深化教育管理体制改革,研制具有襄阳特点的中小学教育质量综合评价指标。健全现代学校制度,完善多元参与的学校内部治理结构。推进义务教育教师管理体制改革,大力引培优秀校长,打造教育家型教师队伍。推进教育评价创新,制定教育评价改革实施方案,坚持把立德树人成效作为根本标准,改进和完善各级各类学校评价体系,加快构建基于过程评价的教育质量监测系统。

二是巩固基础教育。推进学前教育公益普惠发展,以公办园为主体的普惠性幼儿园覆盖率达到85%。实现义务教育高质量发展,重点推进消除大班额,加强农村两类学校建设,办好普通高中,积极打造有特色、有影响力的高中科创基地。

三是促进产教融合。深化产教融合、校企合作,增强现代职业教育体系与产业结构的契合性,专业设置与产业需求对接、课程内容与职业标准对接、教学过程与生产过程对接,增强专业和襄阳"144"产业集群对接率。推进普职融合发展,构建中高职一体化人才培养模式。

第四,推进全民终身学习。

一是健全终身学习网络。建立学习型社会统筹推进机制,完善襄阳学习在线公共服务平台,形成时时可学、处处能学、人人会学的个性化发展"互联网+"新生态。实施居民终身学习促进工程,启动学分银行开户,建立学分储蓄制度,探索建立终身学习监测评价体系。

二是扩大社会教育资源。加强社会教育资源建设,打造一批社区教育特色品牌项目。积极应对人口老龄化,加大优质老年教育资源供给。加强社区教育队伍职业化建设,扩充社区教育志愿者队伍和指导专家队伍,不断提升社区教育专兼职队伍占常住人口比重。

三是广泛开展社会培训。围绕服务发展方式转变和改善民生,鼓励高等院校和中职学校广泛开展职业技能教育培训,积极开展农村劳动力转移培训和农村经济新业态培训,强化再就业培训和新成长劳动力培训。从业人员继续教育参与率达70%以上。联合职业技术培训学校,提高再就业老年人的专项技能。

专栏 8-1　提高人口思想道德素养

提高民众思想道德素养。树立正确的人生观、价值观、荣辱观和政绩观,养成正确的待人处事态度。努力践行"仁爱之心、感恩之德、求知之欲、创业之志"理念。

巩固文明城市创建成效。以"创建全国文明城市"为契机,充分利用"历史文化名城"优势,秉持"城市让生活更美好"的理念,促进市民文明素养和思想道德素质进一步提升。

二、实现适度生育水平,培养健康人群

通过重点健全生育服务、托育服务以及家庭发展支持体系,贯彻落实一对夫妻可以生育三个子女政策及配套支持措施,积极引导总和生育率保持在 1.1 以上,延续新生人口总量势能优势,提高人口健康素质,为人力资源储备、人口均衡发展奠定基础。

第一,完善生育服务政策体系。积极应对生育水平持续走低的风险,贯彻落实一对夫妻可以生育三个子女政策及配套支持措施,最大限度发挥人口对经济社会发展的能动作用。大力深化生育服务管理改革,调整实施产休假、陪产假、生育津贴等相关政策措施,到 2025 年,进一步形成鼓励按政策生育、优生优育的制度环境。强化全生命周期服务理念,推进优生优育全程服务,提高优生优育服

务水平。全面落实生育保险和职工医疗保险合并实施,扩大生育险在"非职工"和农村的覆盖面,降低生育经济负担。进一步实施扩大税收专项扣除方案适用范围和抵扣额度试点,探索增加三岁以下婴幼儿照料家庭的个人所得税专项扣除。持续加快推进公共场所母婴设施推进和改造,为婴幼儿哺乳等提供便利条件。加大普惠性幼儿园供给,落实普惠性民办幼儿园生均经费补助扶持机制。

第二,完善0—3岁托育服务体系。结合全国婴幼儿照护服务示范城市创建工作,紧抓襄阳都市圈高质量发展契机,形成"政府主导、市场主体、社会参与、家庭补充"的多元化供给主体。完善普惠托育服务体系,拓展普惠性托育资源,在符合条件的产业园区推进嵌入式托育机构建设,鼓励有条件的民营幼儿园开设托班,推进托幼一体化服务。分类分步逐年推进幼儿公共托育服务场地设施建设,在新建商品房及回迁安置房集中的开发建设区域,安排婴幼儿公共托育服务建设用地,配置建设相应规模的托育设施。

第三,完善妇幼健康服务体系建设。提升妇幼健康和计划生育服务能力,通过增加供给、优化结构、挖掘潜力,强化孕产妇和新生儿危急重症救治能力建设,将孕产妇死亡率和婴儿死亡率维持在较低水平。优化生育全程服务,加强婚育指导、避孕服务和女职工保护,开展优质的孕前保健和产前筛查服务,保障母婴安全。加强出生缺陷综合防治,持续推进新生儿疾病筛查、诊断和治疗工作。加强儿童早期发展服务,防治妇女儿童常见病,着重完善流动人口孕产妇和儿童跨地区保健服务。

第四,构建家庭发展支撑体系。加快完善包括生育支持、幼儿养育、青少年发展、老人赡养、病残照料等在内的家庭发展政策。依托襄阳家政服务业提质扩容"领跑者"行动试点,支持家政企业在社区设置服务网点,构建并完善"街道、社区、家政企业"联动合作机制,为家庭养老、托育、康复照料提供更多元的服务。完善计划生育家庭特别扶助制度,加大对残疾人家庭、贫困家庭、计划生育特殊家庭、老年空巢家庭、单亲家庭等的帮扶支持力度,充分发挥社会工作服务机构和社会工作者在帮扶弱势家庭方面的专业作用。探索建立80岁以上老年人子女护理假制度,鼓励用人单位支持子女照料护理生活不能自理或生病住院的老人。

三、加快产业转型升级,增强人口集聚水平

扩大人文、政策、科技、环境、宜居等优势,推动契合襄阳城市特质的优势产业发展,把产业结构的优化调整与扩大就业紧密结合起来,加强人口与产业空间

布局规划,发挥产业对人口调控源头作用,引导人口与资源向重点开发区域聚集,促进充分就业,千方百计提高劳动者收入水平,适度吸引人口回流。

第一,优化产业结构布局。

一是推动制造业集群发展。加快构建"144"现代产业集群,树立链式发展理念。扎实推进全产业链打造工程和全产业生态培育工程,培育新的增长点。坚定不移推动汽车产业转型升级,突破性发展新能源和智能网联汽车,携手共建"汉孝随襄十"万亿级汽车产业走廊。提升区域动力电池及相关配套零部件等核心产品研发、生产与制造能力,扎实推进比亚迪股份有限公司襄阳产业园、东风公司新能源乘用车项目建设。培育发展智能网联综合应用场景和业态,加快建设襄阳汽车试验场四期扩建及智能网联小镇项目,积极推动车联网先导区建设。依托丰富的磷硅钒矿资源,打通矿产资源、关键材料、光伏、动力和储能电池产业链,建设新能源新材料产业集群。积极推进中化学新能源产业园、万润新能源产业园、川发龙蟒新能源材料项目、云图控股磷酸铁生产项目等落地建设;稳步推进吉利科技集团物理法高纯硅项目、特变电工新能源装备及风光项目建设。大力发展循环经济,加快锂电池回收再利用循环经济产业园项目、老河口废旧轮胎裂解提取炭黑新材料项目、兴发集团磷酸铁锂回收利用项目建设。推动传统产业转型升级,扎实推进际华三五四二高档印染面料纺织品生产等项目建设。推动产业数字化与数字产业化发展,加快推进东风汽车襄阳轻型商用车智能制造、绿色工厂升级项目及枣阳5G智能产业园项目建设,积极谋划湖北新华光光学玻璃及先进光学元器件生产基地项目等。积极推动轨道交通、航空航天、消费电子等优势产业突破性发展。壮大支柱产业,加快培育新兴产业,建设国家智能制造基地,打造中部地区重要的先进制造业基地。充分发挥产业集聚带动作用,推动物流链、供应链和产业链"三链"深度融合。拓展产业链上下游企业,推进集群化发展,构建全链条金融服务价值链。

二是加快农业高质量发展。高水平建设国家现代农业示范区,加快建设农业强市。扛牢稳产保供政治责任,完成高标准农田建设年度任务,强化种子、科技、装备等现代农业发展基础,稳定发展粮食生产,提升"菜篮子"产品生产保供能力。坚持全产业链谋划、全产业生态培育,以补链、延链、强链为重点,持续推进十大重点农业产业链建设。做大做强农产品加工龙头企业,壮大一批国家级、省级农业产业化龙头企业和规上农产品加工企业,培育一批50亿级、100亿级龙头企业。加大招商引资和项目建设力度,引进一批行业龙头、头部企业、单项冠军、隐形冠军,加快推进老河口牧原200万头生猪屠宰、盼盼食品加工、正大襄州百万亩现代农业示范园等重点项目建成投产。实施"双品牌"战略,以地理标志和区域公用品牌为重点,市级重点打造中国有机谷、襄阳高香茶、襄阳牛肉面等品牌,县级重点打造枣阳黄桃、宜城松花皮蛋、南漳香菇、保康毛尖、谷城豆腐乳、老河口汉水梨、襄州锅巴等品牌,形成"襄"字号农产品品牌矩阵。优化农产品交易市场布局,配套完善展示交易、冷链仓储、电子结算、检验检测等功能,实现聚合竞合、共建共享,扩大影响力和辐射面,加快打造全国性农产品交易集散中心。以有机农产品、特色农产品、地标农产品、品牌农产品为重点,建设集展示、交易于一体的线上、线下融合的中国有机谷商贸平台。

三是促进服务业发展。培育七大现代服务业重点产业集群,加快服务业与先进制造业、现代农业深度融合发展。突破性发展生产性服务业,推进生产服务型国家物流枢纽城市建设,推动检验检测、研发设计、现代金融、人力资源专业化高端化发展。加快建设区域消费中心城市,培育挖掘新消费增长点,大力引进国内外知名零售企业,推进王府井商业广场、东津民发世纪广场等新型商圈建设。大力发展多式联运,完善集疏运物流体系,培育壮大物流龙头企业。高质效运行深交所襄阳都市圈培育中心,为圈内企业上市提供指导服务,加大上市后备企业培育力度,优化企业上市绿色通道,加快企业上市步伐。提升房地产行业管理水平和物业管理制度化、智慧化水平,构建市域"互联网+房管"综合平台,推进房地产市场平稳健康有序发展。不断提升医养结合服务能力,加快推进亚行贷款湖北襄阳公共服务领域PPP促进示范等项目落地。

专栏 8-2　襄阳市重点产业吸纳人口指引

推进制造业集聚集群发展。围绕"144"现代产业集群(1 个 4000 亿级的汽车产业,4 个 1000 亿级的新能源新材料、食品饮料、装备制造、纺织服装产业,4 个 500 亿级的电子信息、节能环保、医药健康、现代化工产业),加快打造以汽车产业为龙头,装备制造、电子信息、医药化工、新能源新材料、农产品深加工、现代服务业为支柱的现代产业体系,力争培育一批特色鲜明、具有区域影响力的先进制造业集群,提升城市经济影响力和知名度,创造更多高质量就业岗位,以制造业集群影响力提升促进人口集聚。

加快完善现代服务业体系。加快发展现代物流、现代金融、电子商务、科技服务、数字产业等五大生产性服务业,支持发展信息服务、会展服务、商务服务、研发设计等生产性服务业,推动现代服务业与先进制造业、现代农业深度融合,培育一批先进制造业和现代服务业深度融合发展试点。策应区域中心城市建设,大力发展总部经济和平台经济,着力提升城市的现代化、国际化商务服务功能。加强健康、养老、育幼、文化、体育等公益性、基础性服务业供给。

> 大力支持社区电商、网络订餐、无接触配送等"新零售"业态发展，推动远程医疗、在线教育、协同办公等服务广泛应用，创造更多灵活就业岗位，吸引更多下辖县区及乡村人口的消费和落户。
>
> 提高农业发展水平。以高水平建设国家现代农业示范区为引领，全力守好农业稳产保供底线，重点打造粮食（优质稻米、优质小麦）、生猪、特色淡水产品（小龙虾）、蔬菜（食用菌、莲、山药）、家禽及蛋制品、茶叶、现代种业、菜籽油（花生油、芝麻油、茶油）、林果（柑橘、桃、梨、核桃、苗木）、道地药材十大重点产业链，巩固百亿斤粮食产能大市地位。加强高标准农田建设，加强粮食生产功能区、重要农产品生产保护区和特色农产品优势区建设，提高农业机械化和农业良种化水平，创造出更多就业空间，进一步提升产业吸纳人口的能力。

第二，提升人口集聚能力。

一是加强城区人口集聚。优化城镇化发展规划，加强城区人口承载能力建设，改变单一的生产型、居住型、商务型区域发展模式，加快配置集生产、生活、服务于一体的多元化功能，引导产业集聚集群特色发展，建设生产、商务、文化、居住、消费的综合性区域。到2025年，城市社区15分钟医疗、文化、健身等服务圈进一步完善，人口吸引力进一步增强。

二是加强乡村人口集聚。合理确定村庄布点和建设规模，发展重点村，保护特色村，根据村镇人口结构现状和变化趋势，因地制宜地布局建设基础设施和公共服务网络，形成适度集聚、生产便捷、生活舒适的村庄分布格局。加大村庄自然与文化资源保护，维护农村居住、生产、生态、文化等功能，依托区位条件、自然文化资源，培育一批以特色农业、休闲旅游、商贸流通为主的新型村庄。

三是加强城镇人口集聚。合理确定城镇建设规模，不断完善基础设施，提升基本公共服务水平，全面提高城镇发展质量，促进产业布局有序、城镇功能互补、城乡一体发展，吸引区域内农业人口就近集聚。

四是提升公共服务水平。实现基本公共服务常住人口均等化，促进非基本公共服务普惠化，大力发展生活性服务业和社区服务业。积极落实就业、住房、教育等优惠政策，注重人才集聚发展，创造更多就业岗位。

第三，实施积极人才政策。

一是优化招才引智环境。积极落实深入实施"1＋7"人才政策（"1"为《关于加强和改进新时代人才工作　加快建设区域性人才中心和创新高地的实施意见》，是当前和今后一段时期襄阳人才工作的管总性文件。"7"是7个配套实施办法，具体包括:《隆中人才支持计划实施办法》《智汇襄阳》计划实施办法》《隆中青年英才计划实施办法》《襄阳市人才分类服务保障暂行办法》《襄阳市人才安居保障办法》《襄阳市高层次人才子女入学服务办法》《襄阳市"襄才卡"实施办法》，涵盖人才引育留用各个方面）、"隆中人才支持计划"，促进外流人口回流，落实高校毕业生就业创业支持政策，推动高质量充分就业。广泛开展产业人才峰会及人才交流活动，吸引国内外高端学术会议、专业发展论坛在襄举办或设立永久会址。完善各层次人才贡献奖补政策，鼓励各类企业通过股权、期权、分红等方式加大对优秀人才的激励力度。创新人才服务体系，为人才提供职称评定、医疗、社会保险、住房、子女就学、配偶就业等消费优惠和便利服务。

二是加快引进创新人才。深入实施人才优先发展战略，探索全市重大人才计划统筹设计，创新"市场发现、市场认可、市场评价"的引才机制。持续深化升级"襄阳英才计划"高层次创新创业人才引进计划，加大对"高精尖缺"型战略性新兴产业创业领军人才、产业升级创新领军人才、企业高级经营管理人才、先进制造技能领军人才、生产性服务业领军人才及团队的引进力度。

三是持续推进就业创业。实施更加积极灵活的就业政策，加大企业吸纳就业政策支持。突出高校毕业生群体，持续推进就业创业促进、基层成长、青年见习、"三支一扶"、就业启动等计划，完善引导鼓励高校毕业生到基层工作的政策措施，鼓励专业人才到民生急需的教育、医疗等领域就业创业，支持中小微企业吸纳大学生就业。健全人力资源市场体系，大力发展人力资源服务业。

第四，打造美丽宜居环境。

一是制定和完善配套人口政策。开展资源环境承载能力评价，科学确定不同主体功能区可承载人口数量，实行差别化人口调节政策。对人居环境不适宜人类常年生活和居住的地区，实施限制人口迁入政策，有序推进生态移民；对人居环境临界适宜的地区，基本稳定人口规模，鼓励人口向重点县镇收缩集聚；针对人居环境适宜和资源环境承载力相宜的地区，培育人口集聚空间载体，引导产业集聚，增强人口吸纳能力。

二是提升生态系统碳汇增量。牢固树立绿水青山就是金山银山理念，坚持人与自然和谐共生，尊重自然、顺应自然、保护自然，统筹推进海洋、河湖、森林、湿地等生态系统保护修复和休养生息。着力提高森林质量和林木覆盖率。加强湿地保护，增加城市公园绿地，重视社区小规模公园、绿地建设，按照社区人口规模和合理服务范围，确定公园、绿地的规模与密度，为老百姓提供舒适休闲空间。推进生态园林城市建设，擦亮"华夏第一城池"金名片，推动环境质量持续稳定向好，不断满足人民群众日益增长的对优美环境的需要，把生态美丽宜居环境转化为人口福利。

三是推动经济社会全面绿色转型。实施人口绿色发展计划,加快形成节约资源和保护环境的空间格局、产业结构、生产方式和生活方式。科学制定碳达峰、碳中和行动方案,明确时间表、路线图、任务书。大力推行创新驱动,推广和使用绿色低碳技术和产品。推动经济发展绿色转型,严格限制高耗能、高污染行业发展,着力提高电子信息、新能源、节能环保等产业在国民经济中的比重,降低能耗和减少污染物排放。强化生态环境源头治理、系统治理、整体治理,持续推进环境管理精细化。提高城市污水处理能力、垃圾无害化处理率,加强村庄环境综合整治。加快调整能源结构,促进化石能源消费占比下降和可再生能源消费比例提高的有效衔接。大力推进绿色建筑高质量发展,进一步降低建筑能耗和碳排放量。优化交通运输结构,提高运输效率,加快形成绿色低碳运输方式。强化宣传引导,在全社会倡导简约适度的、绿色低碳的生活方式。

专栏 8-3　襄阳市主体功能区人口调控引导

城市化地区。以增加人口规模、提高人口素质为导向,以人口规模增长带动人口聚集程度的提高,以人口素质提高带动产业发展。

农产品主产区。以适度的人口密度为调控指标,人口的迁入与迁出以维持动态平衡为宜,不宜设置人口落户奖励性措施。

生态功能区。限制人口增长,特别是城市人口以享受乡村居住环境为目的的进入。人口管理方面,需与宅基地管理政策相配合,人口迁出可考虑给予一定生态补偿。

四、创新人口服务管理,建设友好包容社会

深化户籍制度改革,建立有利于人口流动的体制机制,以人口为基本要素,完善公共服务资源配置,使基本公共服务设施布局、供给规模与人口分布相适应,保证各类群体都有充足的生存与发展空间,公平分享经济社会发展成果。

第一,提升公共服务能力。

一是明确公共服务范围和标准。坚持普惠性、保基本、均等化、可持续方向,保障公共教育、卫生健康、劳动就业、住房保障、健康养老、社会保障、文化体育以及公共安全、公共交通、生态环境、公共法律服务等领域的基本公共服务供给,建立基本公共服务清单。适时提高基本公共服务体系建设标准,适时适度增加公共服务项目与内容,合理引导公众预期。适度拓展基本公共服务供给范围,推动按常住人口实现基本公共服务均等化与全覆盖。

二是优化公共服务设施布局。以人口的规模、结构、素质、分布和流动趋势为依据,科学确定区域性养老服务中心和区域卫生服务中心等各类公共服务设施服务半径和覆盖人群,实现共建共享、布局优化、普惠可及。支持公共资源配置优先向农村地区、贫困地区倾斜,促进城乡区域基本公共服务均等化发展。推动县域和重点中心镇加强公共服务设施布局,增强人口集聚能力。整合基层基本公共资源服务功能,创新服务模式和服务业态,建立一站式综合服务中心。加快统一的公共服务信息系统建设,提高服务与管理效率。

专栏 8-4　襄阳市基本公共服务清单

幼有所育。包括优孕优生服务、儿童健康服务、儿童关爱服务、学前教育服务。

学有所教。包括义务教育服务、普通高中助学服务、中等职业教育助学服务。

劳有所得。包括公共就业服务、工伤失业保险服务。

病有所医。包括公共卫生服务、基本医疗保险、计划生育扶助服务。

老有所养。包括养老助老服务、养老保险服务。

逝有所安。包括殡葬基本公共服务、公益性骨灰安放(葬)服务、殡葬补贴。

住有所居。包括公租房服务、住房改造服务。

弱有所扶。包括社会救助服务、最低生活保障、特困人员救助供养、医疗救助、疾病应急救助、临时救助、受灾人员救助。

行有所畅。包括公共交通服务等。

环境有改善。包括饮水安全、大气环境质量、生活垃圾处理分类等。

优军服务保障。包括提升退役军人服务保障能力、做好退役军人就业创业服务、全面落实优抚对象优待政策等。

文体服务保障。包括公共文化服务、公共体育服务等。

公共安全保障。包括社会治安综合治理、法律服务等。

政务服务。包括12345在线服务等。

第二,健全人口转移机制。

一是推动农业转移人口市民化。进一步增强中心城区、县城城区、镇区的人口集聚能力,建立城乡有序流动的人口迁徙制度。完善农业转移人口市民化支持政策,建立健全农业转移人口市民化长效成本分担机制。顺应人口流动趋势优化乡村布局,引导城乡基础设施和公用设施统一规划、统一建设、统一管护,推进城乡基本公共服务制度并轨。不断扩大居住证附加的公共服务和便利项目，加快实现城镇基本公共服务常住人口全覆盖。在给予农业转移人口各项市民权益的同时，保障农业转移人口权益。

二是鼓励和引导人才流向乡村。制定完善财政、金融、社会保障等方面的政策，建立人才入乡激励政策体系，吸引各类人才返乡入乡创业。实施"急需人才引进计划"，支持赴村挂职干部助力乡村振兴。深入实施高校毕业生"三支一扶"和基层成长计划，引导本地高校毕业生就地流向农村。探索符合条件的返乡就业创业人员在原籍地或就业创业地落户政策，优化乡村干事创业的营商环境，促使返乡人才留得住、发展得好。

第三，深化户籍制度改革。

一是健全完善居住管理制度。全面放开非户籍人口在城市落户政策，在全市统一实行以合法稳定住所（含租赁）或合法稳定就业为基本条件的户口迁移政策，放宽投靠类户口迁移条件。对各类人才实施先落户后就业政策，拓宽投资落户通道，积极引导农业人口向城镇转移落户。保障常住人口与户籍人口享有同等的基本公共服务，促进更多外来人口在襄阳落户。

二是提升人口服务管理效能。加大落户政策宣传力度，切实提高外来人口和农业转移人口对政策的知晓率。依托湖北省政务服务"一网通办"，加快推进"新生儿出生一件事"、首次申领居民身份证"跨省通办"，持续优化户籍事项证明出具流程，全力推广跨地区户口迁移"一站式办理"及网上查询证件办理进度等便民举措，提升襄阳人口服务管理效能，提升人民群众满意度。

五、完善相关配套政策，确保政策有效衔接

第一，持续完善住房保障制度。

坚持以政府为主体提供基本保障，及时调整准入门槛，稳步扩大住房保障。坚持实物配租和租赁补贴并举，确保城镇户籍中等偏下收入（含低保、低收入）的住房困难家庭实现应保尽保，同时加大对农业转移的新市民、青年人特别是从事基本公共服务行业人员等住房困难群体的支持力度，稳步扩大住房保障覆盖面。完善部门联动审核机制和保障对象失信惩戒制度，严格准入退出管理。吸引企业和其他机构参与公租房运营管理，公开择优确定承接主体，规范服务标准，合理核定公租房租金标准，切实提升公租房运营管理专业化、规范化水平，增强群众的满意度。整顿市场秩序、执行价格备案，根据市场实际情况，适时出台调控措施，切实遏制房价波动上涨趋势。

第二,健全城乡融合发展体制机制。

围绕打造全国性综合交通与物流枢纽、汉江流域综合服务中心,把城乡融合发展与乡村振兴、新型城镇化等衔接起来,促进城乡要素平等交换、双向流动,加快形成工农互促、城乡互补、深度融合、共同繁荣的新型工农城乡关系。坚持城乡一盘棋,加快实现城乡全面融合、乡村全面振兴、全体人民共同富裕。加大改革力度,着力破除户籍、土地、资本、公共服务等方面的体制机制弊端。着力打造特色,努力走出一条具有襄阳特色的城乡融合发展之路,打造全国全省城乡融合发展的样板,全力争取城乡融合发展走在全省前列。基本建立城乡融合发展制度框架和政策体系,城乡要素自由流动、公平交换、合理配置的体制机制初步形成,基本公共服务均等化水平大幅提高,城乡发展协调性全面增强。

专栏 8-5　建立健全城乡融合发展体制机制重点举措

推进城乡要素融合。有序推动农业转移人口市民化,激励引导城市人才入乡,稳慎推进农村土地制度改革,加大财政金融支持力度。

推进城乡基本公共服务融合。均衡配置城乡教育资源,健全乡村医疗卫生服务体系,健全统筹城乡的社会保障体系,提升乡村治理水平。

推进城乡设施融合。推进城乡基础设施一体化规划,推进城乡基础设施一体化建设,推进城乡基础设施一体化管护。

推进城乡经济融合。推动科技成果入乡转化,保护支持农业优先发展,培育发展乡村新产业新业态,健全生态产品价值实现机制,加强乡村文化保护利用。

推动农民收入持续稳定增长。多渠道增加农民收入,高水平巩固脱贫攻坚成果。

六、深入挖掘长寿红利,积极应对老龄化

第一,建设高质量养老服务体系。

一是加强养老机构建设。实施城市养老第三方评估,增强养老保障供给针对性。推进居家和社区养老试点城市建设,加强公办养老机构建设,提升基本养老服务托底能力;支持社会资本参与普惠性养老服务,促进养老机构规模化、连锁化发展;推进养老服务骨干网建设,深化医养结合养老服务机制建设,持续开展养老机构服务质量提升行动,加强行业监管,严格规范服务标准。强化居家和社区养老服务功能,推动老年人日间照料中心、托老所、老年人活动中心等社区

服务设施建设。到 2025 年,养老机构护理型床位占比达到 60% 以上。

二是推进社会化养老服务。培育第三方机构开展政府购买养老服务,建设示范性社区居家养老服务中心和规范性社区嵌入式养老机构。建立居家社区养老探访制度和紧急救援系统,形成 15 分钟居家养老服务圈。聚焦失能失智老年人、残疾人照护服务,每个县(市、区)规划建设至少 1 家失能失智养护院。有集中供养意愿的特困人员全部实行集中供养,分散供养特困人员委托照料服务全面落实。社区日间照料机构覆盖率达 100%,推进城乡社区居家养老服务中心由第三方社会组织承接运营管理。积极推进智慧养老,构建面向居家老人、社区及养老机构的传感网系统和信息平台,提供实时、快捷、高效、低成本、物联化、互联化、智能化养老服务。

三是强化对养老服务供给的支持力度。加大财政投入和政策扶持力度,将不低于 55% 的社会福利事业彩票公益金用于支持发展养老服务,鼓励社会资本参与养老服务供给。积极探索发展长期护理保险,着力解决失能人员的生活照料和日常护理问题。积极推进社区养老服务设施配套建设,做到养老服务设施用房与住宅建设项目同步规划、同步建设、同步验收和同步交付使用。整合社会资源,盘活利用闲置资源,扩大普惠性养老服务供给。加大健康养老人才的培育力度,为增加健康养老服务供给提供人才支撑。

专栏 8-6　提高基本养老服务兜底保障水平重点措施

重点老年人群保障水平。优先将经济困难的高龄、空巢独居、失能(失智)、农村留守、计划生育特殊家庭等老年人纳入基本养老服务保障重点,健全完善基本养老服务指导性目录。

农村特困人员供养服务设施建设。开展特困人员供养服务设施及农村养老服务双提升工作,提升区域性养老综合服务能力,补齐农村养老服务基础设施短板。

农村留守老年人关爱服务。更新农村留守老年人信息台账,实现信息共享,动态管理。落实农村留守老年人定期探访制度,通过政府购买服务等方式,为符合条件的留守老年人提供助餐、助洁、助浴、助医和精神关爱等服务。

第二,大力发展银发经济。

一是提升健康管理服务质效。加快发展中医医疗、预防和保健服务,培育具有襄阳特色的中医药品牌和服务机构。积极开展疾病管理、居民健康管理等网络服务,探索互联网在线医疗新模式。加快发展以家庭医生、疾病筛选、保健指导、健康干预、慢性病管理等为主体的健康管理服务产业,建立覆盖全生命周期、业态丰富、结构合理的健康服务体系。支持社会力量开办康复、老年病、心理、护理、临终关怀等社会急需的健康医疗服务机构。推动第三方专业体检中心、健康咨询服务中心和远程医疗中心建设,打造集医疗康复、保健养生、健康产品开发于一体的健康服务园区。

二是鼓励开展医养结合服务。加强医疗机构与养老机构合作,推进养老服务功能向医疗、医护和养老多功能转变,支持县(市、区)医院发展医护型养老机构,提升医养结合服务能力。支持企事业单位开展医养结合服务,创办或转型为康复医院、护理医院,与民营机构享受同等财政补助政策。探索医疗卫生和特殊群体托养、养老服务资源整合、服务衔接,重点为老年人及失能、失智、特困群体提供医养结合服务。统筹规划建设农村地区乡镇卫生院与敬老院、村卫生室与农村幸福院,推动乡村医养结合,大力建设医养结合中心。

三是大力推进健康养老产业发展。培育多元化健康养老市场主体,推动养老事业和养老产业协同发展,健全基本养老服务体系,构建居家社区机构相协调、医养康养相结合的养老服务体系,健全养老服务综合监管制度。探索将贫困重度残疾人纳入养老、托养服务体系,提供集中照护、居家服务或日间照料。推动健康与养老、旅游、文化、农业等产业深度融合发展,拓展中医药旅游、温泉疗养旅游、生态农业旅游等健康旅游服务,加快健康养老产业基地和园区建设。科学统筹上中下游养老产业发展,吸引国内外有实力的健康养老专业品牌和服务企业入驻襄阳,打造襄阳健康养老产业链、老年人颐养乐园和养老服务品牌。

第三,积极开发老龄人力资源。

一是强化老年人力资源制度保障。积极开展老年人力资源发展规划等顶层设计。完善老年人力资源支持政策,加强开发适合老年人的工作岗位,扩充调解员、宣传员、管理员等能发挥老年人特长的社区服务类工作岗位。进一步推广教师、医生及高级技术人员返聘制度,探索中高级技术人员延迟退休制度。探索建立老龄雇佣奖励制度,给予雇佣老龄工作者的企事业单位资金奖励、税收减免、贷款优惠等政策。健全老年人招聘、续聘、解约制度,保护老年人合法收入与劳动权益。

二是加强老年人力资源开发平台建设。配套建立老年人就业指导服务中心、就业与创业服务平台和人才交流市场等老年人公共人力资源平台,开发建立集就业咨询、职业介绍、就业培训和就业跟踪服务等功能于一体的老年人再就业服务平台。鼓励市场化人力资源企业积极参与老年人人力资源开发。

三是构筑老年人差异化教育培训方式。创新老年教育培训体制机制,探索老年教育新模式,支持社会力量参与发展老年教育,积极推动各类高等院校和教育机构以终身学习为价值取向不断向老年人开放教育资源,加强老年大学建设,积极推动老年大学进社区。统筹各方加大供给,积极推进省市优质老年教育资源建设,增加老年大学布点,提高经常性参与教育活动老年人占比。

四是积极营造老年就业创业氛围。加强低龄老人就业政策宣传,让全社会关心支持低龄老人就业。积极开展老年人就业创业宣讲与培训工作,开设"老年人就业法律法规""老年人返聘与就业管理""老年用工制度和就业政策"等公益讲座,为老年人力资源营造积极就业创业氛围。

第四,构建敬老爱老社会环境。

一是营造良好社会氛围。广泛开展包括人口老龄化形势教育、老龄政策法规教育、应对人口老龄化成就教育、孝亲敬老文化教育、积极老龄观教育等人口老龄化国情教育,使全社会充分了解人口老龄化现状和趋势、老龄事业的进展及蓝图,树立认识老年人、老年期和老年生活的正确观念,营造全社会关心、支持、参与应对人口老龄化问题的社会氛围。积极倡导社会各界关爱老年人群体,培育和树立敬老、养老、爱老、助老、孝老的先进典型,大力弘扬尊老敬老爱老的中华优秀传统美德,形成良好的社会氛围。

二是推动政策法规稳步实施。完善老年人维权四级网络(市、区县、街镇、居村委)建设,简化老年维权程序和手续,健全和完善涉老纠纷的多元化纠纷解决机制,及时处理涉老案件,提高办案效率,积极为老年人提供各类法律咨询服务等法律援助。

三是鼓励老年人参与社会。鼓励老年人参与社会活动,引导老年人积极参与优良传统教育、文化和科技知识传授、科技开发与应用、邻里纠纷和家庭矛盾调解、社区自治管理和服务、社会公益事业发展等活动。加快培育老龄工作志愿者队伍,建立为老志愿服务登记制度。培育和扶持基层老年协会等老年人组织,加强规范化建设,推动老年人自我管理、自我教育和自我服务,实现居(村)委全覆盖。督促家庭成员履行对老年人经济供养、生活照料和精神慰藉等赡养义务。鼓励老年人通过老年人组织对社会管理和社会服务建言献策。鼓励为老服务组织发展,搭建服务平台,为老年群体排忧解难。

专栏8-7 适老化改造和服务重点方向
进一步提升城市设施适老化水平。完善公共场所无障碍厕位、座椅式无障碍升降平台电梯、无障碍道路、老年健身器材等适老化设施,深入推进老旧小区加装电梯。

开展特殊困难老年人家庭适老化改造。推进实施困难老年人居家适老化改造,有条件的地方可将改造对象拓展至城乡低保对象中的高龄、部分失能和残疾老年人家庭。完善居家适老化改造标准,以满足老年人居家生活、起居行走、运动康复需求为核心,增强适老化设施的安全性、便利性和舒适性,提升居家养老服务品质。

"银龄跨越数字鸿沟"适老化服务。加强互联网及信息软硬件适老化改造,实行"数字化"科普专项行动,提升襄阳老年人应用智能设备和工具的能力和兴趣,应对人口老龄化社会问题、弥合数字化应用鸿沟,推动善治和构建老年友好型社会环境。

七、保障重点人群权益,增进家庭福利

健全完善重点人群保障政策,推动涉及保护重点人群权利的法律法规制定,加大对重点人群扶助力度,创造条件让重点人群共享经济社会发展成果,促进社会和谐与公平正义。

第一,促进妇女儿童发展。

一是坚持男女平等基本国策。保障女性在就学、就业、医疗、婚姻财产和参与社会事务等方面享受与男性同等权利。完善女性人才培养机制,提高女性就业竞争力。完善女性就业制度,提升女性经济参与度与贡献率。积极解决女性就业问题,帮助农村留守妇女和返乡妇女实现就近就地创业就业。健全女性政治和社会参与机制,增强女性治理决策的影响力。

二是保障孕产妇和儿童健康。全面落实妊娠风险筛查与评估、高危孕产妇专案管理、危急重症救治、孕产妇死亡个案报告和约谈通报等母婴安全五项制度。实施妇幼健康保障工程,加快推进各级妇幼保健机构标准化建设和规范化管理,补齐生育相关公共服务短板。加强儿童保健门诊标准化、规范化建设,不断加强基层医疗卫生机构儿童保健医生配备。

三是发展普惠服务体系。建立健全支持政策和标准规范体系,大力发展多种形式的普惠服务,按照"家庭为主力、社区为依托、机构为补充、普惠为导向"原则,构建多元化、多样化、多层次的托育服务体系。推进儿童友好城市(社区)建设、家庭教育指导服务示范社区广泛覆盖,为儿童提供和谐友好安全的成长环境。

四是保障儿童各项权益。建立完善困境儿童基本生活、医疗、教育、康复、监

护等分类保障政策。推动建立与低保、临时救助、特困供养、残疾人补贴等制度相衔接的困境儿童基本生活保障机制。建立健全农村留守儿童关爱保护工作机制。推进儿童医疗卫生服务体系建设,减少儿童伤害所致死亡和残疾。

第二,维护残疾人合法权益。

一是推动残疾人保障制度化。全面实施困难残疾人生活补贴制度和重度残疾人护理补贴制度。健全残疾人托养照料和康复服务体系,大力开展社区康复,为贫困残疾人和重度残疾人提供基本康复服务。

二是健全残疾人教育体系。对家庭经济困难的残疾儿童实行12年免费教育,对残疾儿童普惠性学前教育予以资助,对有劳动能力和就业意愿的残疾人按规定提供免费就业创业服务培训。

三是促进城乡残疾人就业创业。帮助有劳动能力的残疾人实现就业,推动按比例安排残疾人就业,扶持发展适合残疾人就业的行业和产业,促进残疾人公益性岗位就业,积极发展辅助性就业。发展残疾人文体事业,推动公共文化体育场所免费或低收费向残疾人开放。

四是加强残疾人无障碍环境建设。完善城乡无障碍设施,推动信息无障碍发布。发展残疾人慈善事业和服务产业,培育服务残疾人的社会组织和企业,积极引入新的业态和科技成果。

第三,推动青年全面发展。

一是加强青年理想信念教育。培育青年社会主义核心价值观,弘扬以爱国主义为核心的民族精神和以改革创新为核心的时代精神,传承优秀传统文化,增强道路自信、理论自信、制度自信、文化自信。开展精神文明创建,发挥"青年五四奖章""青年文明号"等榜样的示范作用。

二是引导青年参与经济社会建设。鼓励青年在推动高质量发展中发挥生力军和突击队作用。利用青年企业家商会、青年创业者协会、留学人员联谊会、大学生创业联盟等平台,组织开展交流活动,支持并推进各类青年群体创新创业。加快青年志愿服务事业蓬勃发展,不断壮大青年志愿者队伍。

三是健全青少年权益保护机制。支持青少年维权工作网络平台和青少年服务台,以及"青少年维权岗"创建活动。加强对困难青年群体、进城务工青年及其未成年子女等群体的关爱和权益维护工作。完善法律援助工作网络,加强监护缺失、受到监护侵害的未成年人权益保护工作。

四是促进青年身心健康发展。引领青年积极投身健康襄阳建设,完善青年健康促进政策,提高青年身心健康素质。关爱青年心理健康,控制青年心理健康问题发生率,提升青年心理健康辅导和服务水平。持续提升青年营养健康水平和体质健康水平,提高青年体质合格率。

> **专栏 8-8　促进青年发展重点项目**
>
> 青少年社会主义核心价值观引领工程。坚持不懈用党的科学理论武装青少年,在青少年群体中大力开展党史学习教育,持续抓好分众化教育体系构建。
>
> "青春留襄"引才计划。紧紧围绕青年人才"来襄"和"留襄"两个关键环节,助力襄阳积聚更多青年人才,帮助青年人才了解、融入、扎根襄阳。
>
> 青少年科技创新促进行动。强化科技创新人才培育,加强科普基础设施建设,扎实做好科技创新培育服务,组织开展"青少年科技创新大赛"等活动。
>
> 青年身心健康促进工程。深入实施全民健身计划,帮助青年养成终身锻炼的习惯,严格保障中小学学生在校体育运动时间,构建和完善青年心理问题高危人群预警及干预机制,完善青年健康监测体系。
>
> 青少年应急安全提升工程。探索建设中小学校公共安全教育体验教室和市级青少年公共安全教育实训基地,加强与应急救援专业机构及青年社会组织的合作,开展"青年安全生产示范岗"等评选。
>
> 青年就业创业促进行动。建立健全工作联动机制,常态化推进青年就业见习工作,重点做好高校毕业生就业促进工作,实施青年创新创业计划。
>
> 青年交流合作促进行动。促进襄阳与港澳台地区青年交流融合,完善襄台两地青年常态化交流合作机制,加强与港澳台地区青年组织的联系与交流,开展青年教育、文化、经贸等多领域对外交流合作平台。
>
> 青年助力乡村振兴行动。强化农村青年人才队伍建设,实施高素质青年农民学历提升计划,推动农村中等职业教育改革创新,积极优化农业农村发展要素配置,引导农村青年志愿者广泛参与乡村治理。
>
> 青年网络文明发展工程。建好"12355"青少年网络综合服务平台,鼓励支持互联网企业、文化机构等制作推广符合社会主义核心价值观和青年喜好的网络新媒体文化产品。
>
> 青年助力市域社会治理现代化。实施青少年事务社会工作专业人才队伍建设工程,积极开展志愿服务项目大赛,关爱困境青少年,加强对有不良倾向或严重不良行为青少年群体的帮教帮扶。

第四,保障其他特殊群体。

一是计划生育家庭权益保障。对独生子女家庭继续实行现行的各项奖励扶助制度和优惠政策。落实独生子女父母护理假制度。建立健全计划生育特殊家庭帮扶保障制度。落实特别扶助制度，完善政府主导、社会组织参与的扶助关怀工作机制。积极探索政府通过购买服务方式，委托有资质的社会组织与市场组织，为符合条件的计划生育特殊家庭开展生活照料、精神慰藉等服务。深入开展"暖心行动"，落实计划生育特殊家庭联系人、家庭医生签约、就医绿色通道三项制度，解决计划生育特殊家庭在养老、就医等方面的实际困难。

二是退役军人服务保障。推进退役军人服务中心（站）规范化建设，提升军人信息化综合服务能力。引导退役军人弘扬军人优良传统，完善荣誉激励机制，建立常态化联系制度，畅通诉求表达通道。深化双拥共建，加强新时代双拥模范城建设，提高军供站现代化水平。推进退役军人服务中心（站）规范化建设，拓宽安置渠道，促进人岗相适、人事相宜、人尽其才。强化退役军人社会保险关系转移接续，健全就业创业公共服务体系，鼓励创业领军人物带动退役军人就业创业，促进军事人力资源转型转换。

第四节 保障机制

一、健全人口与经济社会协调发展机制

第一，加强人口发展顶层设计。

把人口发展与经济社会和资源环境紧密结合起来，进一步强化人口与发展综合决策机制，坚持制定人口发展规划，为其他发展规划提供基础支撑。研究制定人口与经济社会协调发展的配套政策和具体实施方案，推动相关专项规划与人口发展规划的衔接协调。加强对出生、婚姻、死亡、户籍、就业、教育、医疗、社会保障等人口管理制度的统一协调，进一步完善人口管理、人力资源开发等方面的政策，加快形成统筹解决人口问题的政策体系。

第二，加强人口与经济社会协调发展的落实组织领导。

健全全市促进人口发展工作协调机制，加强工作领导，强化主体责任，明确责任分工，把统筹解决人口发展问题、建设人口均衡型社会的有关工作纳入政府工作议事日程和目标责任考核内容，构建党委领导、政府负责、社会协同、公众参与的人口发展工作格局，健全领导机制、协调机制、监督机制和问责机制。

第三,完善人口与经济社会协调发展监测评估机制。

建立以统筹解决人口数量、质量、结构、分布等重点问题为导向的人口与经济社会协调发展评估指标体系,提升评估的科学化水平。坚持将人口发展规划落实、人口发展政策协调、人口信息共享制度等职责进行细分。建立人口与经济社会协调发展的监测、评估机制和民主决策、公众参与机制。建立监测中期评估,末期评估和修订机制,加强对人口与经济社会协调发展情况、重大政策、重大工程项目的动态跟踪监测和实施效果评估,采取多种方式和渠道鼓励社会各界参与人口与经济社会协调发展的监测评估,及时发现和解决规划监测评估过程中存在的突出问题,确保规划各项任务落到实处。

二、完善人口与经济社会协调发展综合决策机制

第一,强化人口数据支撑。

发挥人口基础信息对决策的支撑作用,推进人口大数据建设,切实推进人口基础信息共建共享。加强人口基础信息采集和统计工作,逐步建立以人口普查为基础,以人口抽样调查为主体,以多部门行政记录和网格化管理信息为依托,以人口相关大数据分析为补充的年度人口统计体系。构建全市人口基础数据库,建立年度人口台账,形成公安、人社、民政、卫健、统计、教育等部门的数据直报通道,打破部门界限。规范人口统计口径,采取定期信息交换、比对、通报等多种形式,建立和完善部门之间人口信息共享制度和人口统计信息协商制度。将人口监测预测细化为户籍、常住、流动等具体指标和职住结构、年龄阶段等分组特征数据信息,实现各项人口数据在部门间实时监测、动态更新、共用共享。

第二,建立预测预报制度。

不断拓宽人口数据信息共享和应用的范围,及时掌握人口分布及相关信息,为制定人口与经济社会协调发展战略和政策提供信息支持,为人口服务和社会治理提供支撑。重点完善出生人口监测和预警机制,强化外来人口监测和管理机制,加强人口中长期预测,科学预测人口发展趋势,从战略层面提早防范和有效应对潜在挑战,为经济社会发展提供人口动态资料,为科学决策、加强人口综合服务管理提供信息支撑。

三、做好人口与经济社会协调发展的政策长效研究评估

第一,建立人口发展长效研究机制。

组织开展人口发展与社会管理、公共资源配置、经济结构调整、基础设施

布局、城镇化格局、国土空间开发利用、环境保护互动关系等重大课题调查研究，为高质量发展提供扎实可靠的决策依据。依托人口大数据平台，结合社会发展的实际需求，借力社会智库，科学地对人口与经济社会协调发展战略进行调整，建立健全科学高效的人口决策机制。加强对人口政策的监督与分析，完善奖惩措施，确保人口政策及时有效，从而实现人口与经济社会的全面协调发展。

第二，开展重大决策人口影响评估。

完善年度襄阳人口发展形势会商机制，监测评估人口变动情况及趋势影响，提出重大人口发展政策建议。科学预测和分析人口因素对重大决策、重大改革和重大工程建设的影响，促进相关经济社会政策与人口政策有效衔接。加强与社会高端智库合作，完善重大人口政策咨询机制，提高决策科学合理性。科学评估经济增长和社会发展对人口的影响，加强人口安全风险防控，做好政策预研预案储备。

四、强化人口发展要素保障机制

第一，完善财政投入保障机制。

树立以人为本、优先投资于人的理念，完善以人的全面发展为导向的投入保障机制。高度重视人口工作在全市经济社会发展中的重要性。将人口发展经费纳入公共财政投入体系，坚持以财政投入为主，各级财政共同分担原则，优化公共财政投入结构，形成稳定增长、分类保障、分级负担、城乡统筹的经费保障机制。保障人口发展重点项目的实施，推动各部门在人口发展领域的相关资金在基层统筹使用，提升相关工作经费在人口发展中的综合效应。

第二，加强人口工作队伍建设。以服务于人的全面发展为导向，加强人口信息队伍、人口服务队伍和人口管理队伍建设。合理配置基层人口工作力量，确保乡镇（街道）有专职从事人口工作的人员，努力形成素质优、结构合理、数量充足的人口工作队伍。加强人口队伍的培训和考核工作，提升工作人员业务素质，不断满足人口发展内涵不断拓展、服务层级不断下延、服务对象不断增多、工作总量快速上升的发展需求。推动人口服务管理队伍职业化建设，针对人口工作范围、服务层级、服务对象的差异，加强人口工作队伍的专业素质培训，着力搭建一支专业化、高素质的人口工作队伍。

第三，做好人口政策宣传引导。

坚持正确的舆论导向，广泛宣传人口与经济社会协调发展的重大意义、目标任务和政策措施。深入开展人口态势和人口政策的宣传解读,及时解答社会各界关注的热点问题,主动回应社会关切,合理引导社会预期。充分发挥各类媒体的作用,深入开展群众喜闻乐见的宣传活动,为政策实施和规划落地营造良好社会氛围。

附表一　新中国成立以来襄阳市人口与经济发展情况

年份	GDP /亿元	第一产业增加值/亿元	第二产业增加值/亿元	第三产业增加值/亿元	人均GDP /元	常住人口/万人
1952	4.19	2.55	0.15	1.49	160	256.86
1953	4.74	2.87	0.17	1.7	188	252.30
1954	4.97	3.13	0.21	1.63	204	263.20
1955	5.43	3.28	0.23	1.92	203	266.91
1956	5.84	3.56	0.3	1.98	215	271.08
1957	6.75	4.17	0.41	2.17	243	278.08
1958	7.44	4.6	0.61	2.23	256	290.44
1959	6.56	3.6	0.78	2.18	223	318.67
1960	6.57	3.65	0.72	2.2	228	316.85
1961	6	3.39	0.49	2.12	205	322.00
1962	6.67	4.01	0.48	2.18	221	302.40
1963	6.85	4.22	0.51	2.12	223	307.81
1964	6.93	4.32	0.55	2.06	220	314.42
1965	7.43	4.7	0.66	2.07	231	322.00
1966	7.74	4.94	0.78	2.03	234	330.90
1967	8.11	5.11	0.85	2.15	240	338.53
1968	7.69	4.82	0.7	2.17	219	350.69
1969	8.07	4.94	0.89	2.25	223	361.63
1970	8.67	5.15	1.17	2.35	232	374.41
1971	9.09	5.07	1.49	2.53	234	387.66
1972	9.16	4.84	1.75	2.57	231	396.00
1973	10.99	5.82	2.38	2.79	273	402.65
1974	11.46	6.04	2.72	2.7	281	407.48

续表

年份	GDP/亿元	第一产业增加值/亿元	第二产业增加值/亿元	第三产业增加值/亿元	人均GDP/元	常住人口/万人
1975	12.26	5.93	3.5	2.84	297	413.19
1976	12.74	6.42	3.39	2.93	304	418.52
1977	13.16	6.24	3.9	3.03	310	424.14
1978	13.95	6.31	4.54	3.1	325	429.81
1979	16.43	7.63	5.37	3.43	380	432.90
1980	17.36	6.92	6.3	4.14	396	438.40
1981	19.95	8.79	6.65	4.51	450	443.00
1982	21.14	8.84	7.43	4.87	471	449.20
1983	24.55	11.25	7.96	5.34	540	454.50
1984	29.17	13.33	9.36	6.48	638	457.30
1985	36.01	14.78	13.28	7.96	785	458.90
1986	42.73	17.06	16.48	9.19	924	462.60
1987	51.74	20.54	19.76	11.44	1097	471.70
1988	57.05	20.34	23.16	13.54	1194	476.90
1989	65.21	24.67	25.97	14.56	1342	478.00
1990	73.52	31.84	25.44	16.23	1471	485.90
1991	85.92	35.91	30.31	19.7	1678	499.70
1992	107.55	42.73	38.85	25.97	2069	512.10
1993	145	51.53	53.8	39.67	2763	519.90
1994	184.41	65.4	64.9	54.11	3502	524.70
1995	238.39	80.9	88.69	68.8	4504	526.60
1996	283.62	95.34	105.3	82.98	5326	529.30
1997	311.46	98.95	118.96	93.55	5835	532.50
1998	343.68	100.89	135.65	107.15	6433	533.80
1999	348.47	96.68	127.03	124.76	6513	534.30
2000	368.42	94.59	137.65	136.18	6881	535.00
2001	384.75	99.77	138.9	146.07	7129	539.00

续表

年份	GDP /亿元	第一产业增加值/亿元	第二产业增加值/亿元	第三产业增加值/亿元	人均GDP /元	常住人口/万人
2002	416.61	100.87	152.96	162.78	7689	540.80
2003	450.08	104.24	163.15	182.69	8281	542.60
2004	510.77	114.39	187.21	209.18	9384	544.30
2005	592.3	119.36	246.46	226.48	10844	546.20
2006	675.18	123.42	291.67	260.09	12421	543.60
2007	785.72	136.55	347.23	301.93	14478	542.50
2008	1004.7	170.3	453.75	380.65	18458	543.70
2009	1189.82	191.29	559.69	438.83	21865	544.60
2010	1509.65	220.83	758.39	530.43	27583	550.00
2011	2070.05	270.25	1129.21	670.58	37544	552.70
2012	2406.19	324.52	1294.16	787.51	43441	555.10
2013	2689.48	345.52	1426.15	917.81	48176	559.10
2014	2969.49	353.34	1559.82	1056.33	50369	560.00
2015	3215.56	363.4	1625.58	1226.59	57349	561.40
2016	3520.37	401.32	1730.59	1388.45	62568	563.90
2017	3886.92	413.04	1775.95	1697.92	68838	565.40
2018	4400.96	414.76	2131.27	1854.93	77735	566.90
2019	4812.84	449.25	2329.24	2034.35	84815	589.80
2020	4601.97	513.01	2104.13	1984.83	78145	588.90
2021	5309.43	554.34	2359.28	2395.82	90496	527.10
2022	5827.81	605.61	2734.56	2487.64	111000	527.60

资料来源：整理自湖北省地区生产总值核算历史资料1952—2019年；2020年、2021年、2022年襄阳市国民经济和社会发展统计公报。

附表二 新中国成立以来襄阳市人口出生率、死亡率、自然增长率变化

年　份	出生率/(‰)	死亡率/(‰)	自然增长率/(‰)
1955	24.58	8.45	16.12
1956	28.38	12.22	16.16
1957	31.09	9.04	22.05
1958	27.67	7.57	20.1
1959	29	12.85	16.16
1960	16.73	21.63	−4.9
1961	27.82	7.05	20.77
1962	42.72	6.91	35.82
1963	38.54	8.76	29.78
1964	35.55	10.05	25.5
1965	31.36	8.78	22.58
1966	31.37	8.53	22.84
1967	30.74	7.77	22.97
1968	32.56	7.53	25.03
1969	30.93	7.3	23.63
1970	29.49	7.44	22.05
1971	28.35	7.42	20.92
1972	25.83	7.56	18.27
1973	21.75	6.9	14.86
1974	18.22	7.32	10.9
1975	18.38	7.04	11.34
1976	16.37	6.82	9.55
1977	16.23	6.79	9.44

续表

年　份	出生率/(‰)	死亡率/(‰)	自然增长率/(‰)
1978	16.38	6.51	9.87
1979	17.88	6.53	11.34
1980	15.57	6.62	8.95
1981	14.66	6.87	7.79
1982	17.06	7.65	9.41
1983	14.58	14.58	8.29
1984	15.77	6.29	8.5
1985	13.86	7.27	6.74
1986	15.02	6.35	8.66
1987	28.4	13.24	15.16
1988	14.48	6.22	8.25
1989	16.18	6.04	10.14
1990	18.91	6.47	12.44
1991	13.56	6.06	7.5
1992	13.82	5.96	7.86
1993	12.54	5.61	6.93
1994	13.18	5.41	7.77
1995	13.14	5.15	7.99
1996	13	5.45	7.55
1997	12.01	4.88	7.13
1998	11.74	4.88	6.86
1999	10.31	4.45	5.87
2000	8.72	6.12	2.59
2001	7.71	4.55	3.15
2002	7.46	4.29	3.17
2003	7.2	4.32	2.88
2004	7.39	4.06	3.33
2005	8.33	4.68	3.65

续表

年　份	出生率/(‰)	死亡率/(‰)	自然增长率/(‰)
2006	9.83	3.15	6.69
2007	10.38	5.78	4.6
2008	10.55	6.86	3.69
2009	11.47	3.7	7.77
2010	12.24	3.9	8.34
2011	12.11	4.12	7.99
2012	12.73	3.97	8.76
2013	11.75	3.96	7.79
2014	11.04	3.88	7.16
2015	10.77	3.97	6.79
2016	10.98	3.6	7.38
2017	11.91	4.47	7.44
2018	9.95	1.42	8.53
2019	9.03	3.27	5.76
2020	8.11	5.12	2.99
2021	6.3	5.1	1.2
2022	5.4	4.8	0.6

资料来源:整理自湖北省地区生产总值核算历史资料1952—2019年;2020年、2021年、2022年襄阳市国民经济和社会发展统计公报,襄阳市2020年人口普查资料(上下册)。

参考文献

[1] 秦尊文.省域副中心城市的理论与实践[M].武汉:武汉大学出版社,2022.
[2] 郑长德,钟海燕.现代西方城市经济理论[M].北京:经济科学出版社,2023.
[3] 李雨潼.中国东北地区人口发展研究[M].北京:社会科学文献出版社,2018.
[4] 任远,赵德余.人口发展过程中的政策分析[M].上海:上海人民出版社,2021.
[5] 周福林.河南人口发展问题研究[M].北京:经济管理出版社,2015.
[6] 郭秀云.城市人口发展与风险控制问题研究[M].上海:上海人民出版社,2010.
[7] 彭小平,肖坚,康红叶.新时代中国人口结构与经济社会协调发展[M].北京:经济日报出版社,2021.
[8] 李鹏.新发展理念指引下的人口与经济发展方式问题研究[M].北京:人民出版社,2019.
[9] 李仲生.发达国家的人口变动与经济发展[M].北京:清华大学出版社,2011.
[10] 查尔斯·古德哈特,马诺吉·普拉丹.人口大逆转——老龄化、不平等与通胀[M].北京:中信出版社,2021.
[11] 蔡昉.人口负增长时代 中国经济增长的挑战与机遇[M].北京:中信出版社,2023.
[12] 倪红福.人口结构变化对中国经济的影响[M].北京:经济管理出版社,2019.
[13] 国务院发展研究中心社会发展研究部.中国人口问题的重点公共政策研究[M].北京:中国发展出版社,2020.
[14] 刘西涛,王炜.新型城镇化进程中人口空间格局演变及优化机制研究[M].北京:科学出版社,2022.
[15] 陈雯,李平星,闫东升.人口空间分布趋势预测及相关政策研究[M].北京:科学出版社,2023.
[16] 周晓津.基于大数据的人口流动流量、流向新变化研究[M].北京:经济管理出版社,2020.
[17] 藤田昌久,克鲁格曼,维纳布尔斯.空间经济学——城市、区域与国际贸易

[M].梁琦,译.北京:中国人民大学出版社,2011.

[18] 陈心颖.新型城镇化背景下乡城人口流动迁移与人的城镇化问题研究[M].北京:中国财政经济出版社,2021.

[19] 中国社会科学院人口与劳动经济研究所.中国人口年鉴 2021[M].北京:中国社会科学出版社,2022.

[20] 亚历山大·莫里斯·卡尔-桑德斯.人口问题[M].北京:商务印书馆,2016.

[21] 陈晓毅.人口年龄结构变动对居民消费的影响研究[M].北京:中国社会科学出版社,2017.

[22] 袁青川.中国人口流动及收入分配研究[M].北京:经济科学出版社,2022.

[23] 钟无涯,颜玮.中国中部人口发展报告(2021)[M].北京:经济科学出版社,2022.

[24] 王礼刚.贵州省城市化进程的实证研究[M].北京:经济科学出版社,2012.

[25] 中华人民共和国国民经济和社会发展第十四个五年规划和 2035 年远景目标纲要[M].北京:人民出版社,2021.

[26] 于潇,王琪汇.城市人口集聚对劳动者就业满意度的影响研究[J].西北人口:1-15.

[27] 梁永福,游少莹,刘宝欣.人口集聚、人力资源匹配与产业升级[J].西北人口,2023(5):1-14.

[28] 雷玮倩,焦利民.城市人口集聚与城市间人口流动对经济产出的影响[J].地理学报,2023(8):1969-1982.

[29] 汪中华,陈保华.经济增长—生态环境—人口集聚时空耦合及空间效应研究——以松花江流域为例[J].生态经济,2023(7):171-177,186.

[30] 李健,张嘉怡.人口集聚视角下环境规制对碳排放的影响研究——基于京津冀 13 个城市面板数据[J].西北人口,2023(4):54-63.

[31] 肖宏宇,梅静龙,黄宁.工资水平、流动人口集聚与出口贸易发展——基于中国流动人口动态监测数据的实证[J].商业经济研究,2023(12):144-147.

[32] 童玉芬,杨艳飞,韩佳宾.人口空间集聚对中国城市群经济增长的影响——基于 19 个城市群的理论与实证分析[J].人口研究,2023(3):121-132.

[33] 刘佳丽,荣垂青.产业集聚、产业协同对人口迁移的影响[J].人口学刊,2023(3):63-77.

[34] 李娜,赵康杰,景普秋.地方品质与资源型城市产业结构转型——基于人

口集聚的视角[39].城市问题,2023(4):55-67.

[35] 林璐,哈巍,朱琼.高等教育与城市产业结构升级——来自新建校区和人口集聚的证据[J].教育发展研究,2023(7):11-18.

[36] 潘振武.流通业集聚的人口规模效应研究——以超大特大城市为例[J].商业经济研究,2023(7):22-26.

[37] 蔡庆丰,王仕捷,刘昊,等.城市群人口集聚促进域内企业创新吗[J].中国工业经济,2023(3):152-170.

[38] 孙立坚,马志勇,常迎辉,等.人群时空行为与城市昼夜人口空间集聚分析——以武汉市为例[J].测绘学报,2023(3):464-477.

[39] 陈垚彤,周新苗.城市收入房价比变动与人口集聚:驱动机理与时空演化[J].中国软科学,2023(2):157-168.

[40] 吴屹豪,庄宇.高密度城市人口动静集聚与街坊形态关联解析——基于曼哈顿的实证[J].城市规划,2023:1-11.

[41] 陈东景,刘卫毅.人口集聚与生态福利绩效:效应与机制[J].西北人口,2023(3):12-26.

[42] 梅建明,刘丰睿.农业转移人口空间集聚格局与机制[J].华南农业大学学报(社会科学版),2023(1):46-58.

[43] 杨巧,张航,陈星宇.制造业与生产性服务业协同集聚水平对流动人口迁移意愿的影响研究[J].投资研究,2023(1):21-40.

[44] 王晓航.人口集聚和异质性劳动力对经济发展的影响[J].统计与决策,2022(24):58-62.

[45] 刘西涛,王盼.人口集聚、空气污染与经济可持续发展——基于中国266个地级以上城市的空间计量分析[J].科学决策,2022(11):81-93.

[46] 张思思,马晓钰,熊江玲,等.人口集聚对城市韧性的影响探究[J].西北人口,2023(1):76-90.

[47] 杨柳青,鞠爽,郑溪,等.偏移—分享视角下云南省人口空间集聚特征及演变态势研究[J].上海城市规划,2022(5):88-94.

[48] 乔榛,桂琳.劳动力流动、人口集聚与区域收入差距[J].商业研究,2022(5):141-152.

[49] 于潇,徐英东.人口集聚对创业活跃度的影响:考虑集聚动态的效应与路径[J].中国人口·资源与环境,2022(9):151-163.

[50] 孙猛,费不凡.人口集聚与碳排放:基于空间溢出效应视角的经验考察[J].人口学刊,2022(5):72-85.

[51] 姜菁,张晓青,王玉琳.中国县域人口集聚时空演变特征及其影响因素研究[J].湖南师范大学自然科学学报,2022,45(5):51-62.

[52] 徐强,赵欣.基于人口集聚视角的人口变动对劳动收入份额的影响[J].统计与信息论坛,2022(8):116-128.

[53] 贾晋,高远卓,申云.人口集聚与产业结构高级化:孰先孰后[J].财经科学,2022(7):106-121.

[54] 宫攀,张槊.产业集聚模式对城市人口规模的时空效应研究——来自275个地级及以上城市的经验证据[J].人口与发展,2022(4):59-74.

[55] 杨东亮,郑鸽.粤港澳大湾区人口集聚表现与对策研究[J].经济体制改革,2022(4):66-72.

[56] 刘凤根,王一丁,颜建军,等.城市资源配置、人口集聚与房地产价格上涨——来自全国95个城市的经验证据[J].中国管理科学,2022(7):31-46.

[57] 叶文显,曾绍龙.特大以上城市人口集聚和经济增长的变动趋势与脱钩分析[J].资源开发与市场,2022(9):1063-1070.

[58] 田成诗,陈雨.人口虹吸、集聚与城市能源效率——以沪苏浙皖地区为例[J].统计研究,2022(5):93-106.

[59] 梁金如.人力资本高级化、人口集聚与服务业结构优化关系研究——基于人口要素流动视角的实证[J].商业经济研究,2022(10):182-185.

[60] 于潇,陈叙光,梁嘉宁.空气污染、公共服务与人口集聚[J].人口学刊,2022(3):88-99.

[61] 陈彧.非一线城市人才新政与人口集聚愿景的实现[J].江西社会科学,2022(4):196-205.

[62] 肖周燕,李慧慧,孙乐.人口与工业集聚对生产和生活污染的影响及空间溢出[J].长江流域资源与环境,2022(4):851-861.

[63] 蔡德发,董秋菊,朱悦,等.产业集聚、人口结构与绿色经济效率[J].统计与决策,2022(7):112-116.

[64] 冯月.人口与经济集聚的空间效应——以成渝地区双城经济圈为例[J].西南民族大学学报(人文社会科学版),2022(2):127-135.

[65] 王涛涛,任俊姣,杨德宏,等.空间形态与人口集聚的城市发展水平研究[J].测绘科学,2022(1):219-226.

[66] 刘洁,张新乐,陈海波.长三角地区人口集聚对经济高质量发展的影响[J].华东经济管理,2022(2):12-20.

[67] 姚震宇,张松林,陈孝琳.高铁开通对城市人口变化、流量经济集聚的影响[J].河海大学学报(哲学社会科学版),2021(6):70-76,101,111.

[68] 唐建荣,郭士康.产业集聚、人口规模与环境污染[J].统计与决策,2021,37(24):46-51.

[69] 初帅.高等教育集聚是否提升了地方人口密度——来自中国"大学城"建设的证据[J].南方人口,2021(6):56-65,55.

[70] 盛亦男,杨旭宇.中国三大城市群流动人口集聚的空间格局与机制[J].人口与经济,2021(6):88-107.

[71] 贺三维,邵玺.京津冀地区人口—土地—经济城镇化空间集聚及耦合协调发展研究[J].经济地理,2018(1):95-102.

[72] 孙久文.论新时代区域协调发展战略的发展与创新[J].国家行政学院学报,2018(4):109-114,151.

[73] 田艳平,秦尊文.我国省域副中心城市的兴起与发展[J].湖北社会科学,2022(7):71-80.

[74] 李羽.省域副中心城市发展路径研究——以广东省湛江市为例[J].广西质量监督导报,2019(8):116-117.

[75] 丁宏鸣.我国省域副中心城市的建设略论——以湖北省宜昌市为例[J].边疆经济与文化,2010(4):40-41.

[76] 李春香.城市群视角下我国省域副中心城市发展研究——以湖北宜昌市为例[J].湖北社会科学,2012(1):50-52.

[77] 周勇.省域副中心城市和核心增长极:调整逻辑及整合框架——以湖南省等为例[J].学术论坛,2021(5):49-59.

[78] 刘睿文,封志明,杨艳昭等.基于人口集聚度的中国人口集疏格局[J].地理科学进展,2010(10):1171-1177.

[79] 曹洪华,闫晓燕,黄剑.主体功能区人口集聚与布局的研究——以云南省为例[J].西北人口.2008(1):27-29,34.

[80] 巫锡炜,郭静,段成荣.地区发展、经济机会、收入回报与省际人口流动[J].南方人口,2013(6):54-61,78.

[81] 胡双梅.人口、产业和城市集聚在区域经济中的关系[J].西南交通大学学报(社会科学版).2005(4):106-109.

[82] 张伟丽,晏晶晶,聂桂博.中国城市人口流动格局演变及影响因素分析[J].中国人口科学.2021(2):76-87,127-128.

[83] 吴可人.长江三角洲地区人口集聚水平分析[J].中国人口·资源与环境,2015(S1):422-425.

[84] 杨晓军.城市公共服务质量对人口流动的影响[J].中国人口科学,2017(2):104-114,128.

[85] 任栋,李萍.人口出生率的影响因素与政策选择:1994—2014年[J].改革,2015(10):23-31.

[86] 韩淑娅.黄河流域人口集聚对城市经济韧性的影响研究[D].桂林:广西师范大学,2023.

[87] 姜菁.人口集聚对中国城市经济韧性的影响研究[D].济南:山东师范大学,2023.

[88] 高畅.贵广高铁开通对贵州省县域人口及经济集聚的影响研究[D].兰州:兰州财经大学,2023.

[89] 赵俊美.房价、人口集聚对城市创新能力的影响研究[D].昆明:云南财经大学,2023.

[90] 陈保华.松花江流域经济增长-生态环境-人口集聚耦合协调研究[D].哈尔滨:哈尔滨理工大学,2023.

[91] 雷彩霞.中部城市群人口集聚对区域经济发展的影响研究[D].太原:山西财经大学,2023.

[92] 廖文琪.中国城市人口集聚、经济集聚和产业集聚对绿色经济效率的影响[D].贵阳:贵州财经大学,2023.

[93] 李敏辉.长江中游城市群人口集聚对经济增长影响分析[D].南昌:江西财经大学,2022.

[94] 刘钰.高速铁路对人口集聚的影响研究[D].北京:北京交通大学,2023.

[95] 朱楠楠.人口集聚、科技创新对滇中城市群县域经济增长的空间效应研究[D].昆明:云南财经大学,2022.

[96] 胡心语.成渝地区双城经济圈人口集聚与经济协同发展研究[D].成都:西南财经大学,2023.

[97] 张新乐.人口集聚对经济高质量发展的影响研究[D].镇江:江苏大学,2023.

[98] 王燕霞.易地扶贫搬迁的人口集聚效应研究[D].保定:河北大学,2023.

[99] 李永康.中国人口集聚的社会经济效应研究[D].郑州:河南财经政法大学,2022.

[100] 陈雨.人口集聚对城市能源效率的影响[D].大连:东北财经大学,2022.

[101] 谢子昂.中国城市人口集聚对创新的影响研究[D].上海:上海财经大学,2021.

[102] 冯凯茜.人口集聚对区域经济发展的影响研究[D].昆明:云南大学,2021.

[103] 曾秋平.成渝地区双城经济圈人口集聚对劳动生产率的影响研究[D].成都:西南财经大学,2021.

[104] 郭士康.产业集聚、人口规模对环境污染影响的时空异质性研究[D].无锡:江南大学,2021.

[105] 朱荣春.华东地区人口集聚、经济集聚对环境污染的影响[D].乌鲁木齐:新疆大学,2021.

[106] 郭毅焘.产业发展对人口集聚影响的地区差异化研究[D].济南:山东大学,2021.

[107] 孙立坚.城市人口集聚时空差异研究[D].武汉:武汉大学,2021.

[108] 续伊特.中国超大城市人口集聚与产业集聚、创新集聚的影响机制研究[D].长春:吉林大学,2021.

[109] 张旋.人口集聚与经济增长[D].沈阳:辽宁大学,2021.

[110] 杨夏星.城市人口集聚对雾霾污染的影响研究[D].黄石:湖北师范大学,2021.

[111] 牛晓翠.人口集聚及区域创新对区域经济活力影响研究[D].秦皇岛:燕山大学,2021.

[112] 袁紫文.人口集聚对中国城市商品房价格的影响研究[D].长春:吉林大学,20212.

[113] 胡阳.人口集聚对服务业优化升级的影响研究[D].济南:山东财经大学,2021.

[114] 束承继.面向城市生态系统服务提升的植被群落优化研究[D].重庆:西南大学,2021.

[115] 吴飞宇.地铁站布局对土地资产和人口集聚的影响机制研究[D].杭州:浙江财经大学,2021.

[116] 冯吉光.城市建设用地:供给结构对资本、人口集聚的影响研究[D].成都:西南财经大学,2020.

[117] 范文越.深圳市外籍人口空间分布及集聚片区的环境特征研究[D].哈尔滨:哈尔滨工业大学,2020.

[118] 孟琦.产业结构升级对商品住宅价格的影响研究[D].大连:东北财经大学,2020.

[119] 阙天南.空间集聚视角下长三角城市群的人口治理研究[D].上海:华东政法大学,2020.

[120] 袁继宸.高铁网络对人口集聚的影响研究[D].昆明:云南大学,2020.

[121] Asher V, Das K. Study on Centrality Measures in Social Networks: A Survey[J]. Social Network Analysis and Mining,2011(4):8-13.

[122] Bogue J. The Study of Population: An Inventory and Appraisal[M]. Chicago: University of Chicago Press,1959.

[123] Ciccone A, Hall R E. Productivity and the Density of Economic Activity[J]. American Economic Review,1996(1):54-70.

[124] Deichmann U. Accessibility Indicators in GIS. Department for Economic and Social Information and Policy Analysis[M]. New York: United Nations Statistics Division,1997.

[125] Emma Rothschild. Adam Smith and the Invisible Hand[J]. The American Economic Review,1994(2):20-30.

[126] Francois Perroux. Economic Space: Theory and Applications[J]. The Quarterly Journal of Economics,1950(1):69-75.

[127] Greenwood M J. An Analysis of the Determinants of Geographic Labor Mobility in the United States[J]. Review of Economics & Statistics,1969(51):89-94.

[128] Hansen W G. How Accessibility Shapes Land-use[J]. Journal of the American Institute of Planners,1959,23(25):73-76.

[129] Herberle R. The Causes of Rural-Urban Migration: A Survey of German Theories[J]. American Journal of Sociology,1938,43(6):932-950.

[130] Kau J B, Sirmans C F. A Recursive Model of the Spatial Allocation of Migrants[J]. Journal of Regional Science,1979,19:47-56.

[131] Koethenguger M. Competition for migrants in a federation: tax or transfer competition[J]. Journal of Urban Economics,2014,80(3):110-118.

[132] Krugman P. Increasing Returns and Economic Geography[J]. Nber Working Papers,1990,99(3):483-499.

[133] Lee E A. Theory of Migration[J]. Demography,1966,3(1):47-57
[134] Lowry I S. Migration and Metropolitan Growth: Two Analytical Models[M]. San Francisco:Chandler Publishing Company,1966.
[135] Michael F. Goodchild,Mei-Po Kwan,Donald G. Janelle. Accessibility in Space and Time: A Theme in Spatially Integrated Social Science[J]. Journal of Geographical Systems,2003,(1):73-79.